Directeur éditorial : Vladimir Sekelj
Couverture, conception graphique et mise en page : Thomas Mougeotte
Corrections et relecture : Natacha Kessler

ISSN : 3039-0818
ISBN : 9782494017153
Dépôt légal BNF : Mai 2025

Je maîtrise

LE SCREENCASTING

Sandrine Verdun

COLLECTION DIRIGÉE PAR
Vladimir Sekelj

CLIC ÉDITIONS

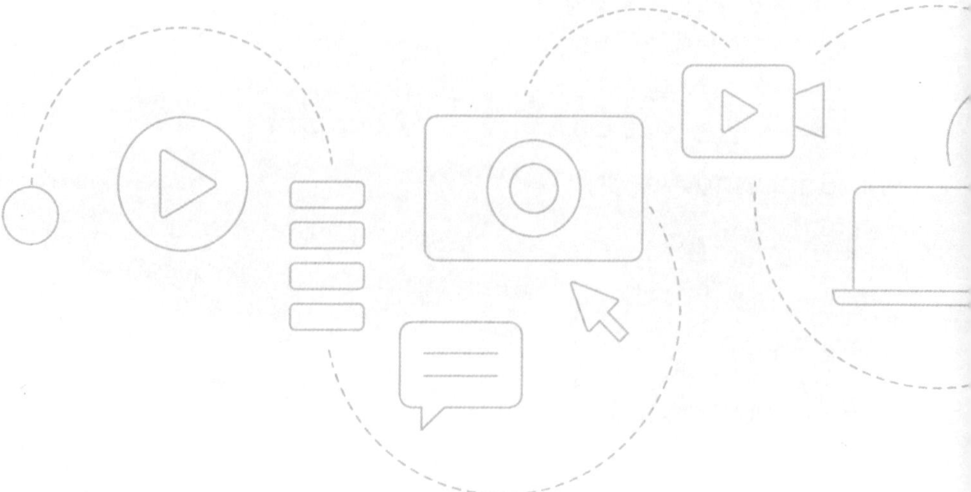

Sandrine **VERDUN**

PRÉSENTATION DE L'AUTRICE

Sandrine Verdun débute sa carrière dans l'informatique. Curieuse des usages, elle observe l'émergence de nouveaux besoins en formation. Très tôt, elle pressent que le numérique transformera la pédagogie.

En 2000, elle fonde *Kapitec Software*. Elle y distribue des logiciels, tout en accompagnant les premiers projets de e-learning. L'outil devient vite pour elle un levier d'apprentissage.

Elle passe un diplôme de Digital Learning Designer, puis un master 1 en Humanités Numériques à l'Université Paul-Valéry de Montpellier. Elle affine ainsi sa vision et apporte son expertise technique au digital learning.

Elle développe une expertise fine des outils de screencasting, en particulier Camtasia et Snagit. TechSmith, l'éditeur, la recommande comme formatrice et animatrice de la communauté des utilisateurs. Elle intègre Kawalearn, agence digital learning, où elle exerce comme consultante digital learning.

Elle intervient dans de nombreux webinaires, enregistre des podcasts et accompagne les clients de Kawalearn dans leurs projets de digitalisation de la formation et de screencasting.

Elle est également photographe et réalise des reportages. Son sens développé de l'esthétisme et du détail s'avère être un atout professionnel précieux.

Ce livre est l'aboutissement de ce parcours. Une synthèse accessible et concrète, née de vingt ans d'expérience à croiser la technique et la pédagogie.

Sommaire

Avant propos

Il y a quelques années encore, expliquer une procédure informatique passait par une série de captures d'écran figées, parfois accompagnées de longues explications textuelles. C'était efficace, mais souvent fastidieux. Puis est arrivée la vidéo, et avec elle, une autre manière de transmettre : plus fluide, plus visuelle, plus proche de l'action.

C'est là que le screencasting prend tout son sens. Montrer ce que l'on fait à l'écran, tout en l'expliquant avec ses mots, permet de guider pas à pas, de simplifier l'accès à des gestes techniques, de rendre visibles des manipulations souvent invisibles. Pour les formateurs, c'est un outil redoutable d'efficacité. Et pour les apprenants, une ressource précieuse à visionner, revoir, réutiliser.

Dans cette collection *Je maîtrise*, nous avons déjà exploré la vidéo mobile, les IA textuelles, le podcast et le storytelling. Avec ce nouveau titre consacré au screencasting, nous continuons d'outiller les pédagogues d'aujourd'hui. Ceux qui conçoivent, animent, innovent. Ceux qui cherchent, souvent seuls, à adapter leurs contenus à un monde numérique en perpétuelle évolution.

Sandrine Verdun connaît bien ces réalités. Elle les vit au quotidien. Consultante et formatrice, elle accompagne depuis plus de vingt ans les professionnels de la formation dans leurs usages numériques. Elle maîtrise les outils, certes, mais surtout la manière de les transmettre. Dans ce livre, elle partage son expérience avec clarté, rigueur et générosité.

Ce n'est pas un manuel figé. C'est un guide pratique, pensé pour les formateurs qui veulent faire, tester, progresser. Vous y trouverez des repères techniques, des conseils pratiques, des comparatifs d'outils et une méthodologie pour vous professionnaliser.

On aurait pu en faire un tuto… mais on a préféré en faire un livre.

Bienvenue dans le monde du screencast. Bonne lecture, et surtout… bonne création.

Vladimir Sekelj
Directeur de la collection *Je maîtrise*
CEO de Kawalearn

Préface

Imaginez que vous vouliez expliquer la fonctionnalité d'un logiciel, présenter une application, un processus ou encore expliquer un schéma. Plutôt que de rédiger de longs documents explicatifs agrémentés d'images, souvent fastidieux à produire et à consulter, pourquoi ne pas opter pour une approche plus dynamique et visuelle ?

En enregistrant votre écran pendant que vous réalisez les différentes étapes, vous créez une vidéo explicative qui guide l'utilisateur pas à pas. Et en expliquant à voix haute ce que vous faites, vous rendez le contenu plus accessible et plus engageant. Le screencasting facilite la compréhension, et permet d'aller droit au but sans fioriture.

Le screencasting est devenu incontournable pour transmettre de l'information de manière claire et efficace, notamment dans le domaine de la formation, du support technique ou du marketing digital. Alliant l'image et le son, le screencast est un format dynamique, qui rend l'explication plus vivante et facile à suivre.

Nul besoin de le démontrer : les utilisateurs plébiscitent les contenus vidéo pour leur caractère dynamique, visuel et direct, qui facilitent grandement la compréhension, même pour des concepts complexes, et la mémorisation des informations.

De la conception à la diffusion, ce livre vous offre une vision 360° du screencasting. Ce n'est pas un simple livre, c'est votre boîte à outils indispensable pour créer des screencasts efficaces et percutants, que vous soyez débutant ou expérimenté.

Ce guide est le fruit de nombreuses années d'expérience dans le domaine du screencasting. Vous bénéficierez de conseils d'experts et d'astuces éprouvées pour optimiser vos productions.

Pour conclure, la création de screencasts stimule la créativité et offre une expérience bien plus ludique que la simple rédaction de textes.

Introduction

UN PEU D'HISTOIRE...

Les premiers logiciels permettant d'enregistrer des séquences d'écran sont apparus dans les années 1990, mais avec une qualité d'enregistrement souvent limitée et des fichiers en sortie très volumineux.

Considéré comme l'un des premiers logiciels de screencasting disponibles dans le commerce à cette époque, Lotus Screencam était alors populaire pour le streaming et la diffusion de démos d'écran et de tutoriels.

Avec l'amélioration des technologies et l'émergence de l'internet haut débit au début des années 2000, ce nouveau genre de vidéo a gagné du terrain. Il a alors fallu lui donner un nom. En 2004, le terme "screencast" a été proposé par Joseph McDonald et Deeje Cooley suite à un appel du journaliste Jon Udell sur son blog, et il s'est rapidement démocratisé.

Screencast est un néologisme formé de "screen" (écran) et "cast" (diffuser).

QU'EST-CE QU'UN SCREENCAST ?

Un screencast est une vidéo de l'enregistrement dynamique de l'écran utilisateur, avec visualisation des mouvements de la souris, souvent accompagné d'une voix off (narration), et éventuellement de la vidéo du présentateur.

Le screencast est aussi appelé capture d'écran vidéo ou enregistrement d'écran.

En clair, il s'agit d'une capture d'écran mise en mouvement, commentée et partagée.

Visuel et dynamique, le screencast est un outil particulièrement adapté à une approche transmissive de l'information. Il permet de rendre concret et compréhensible des manipulations techniques, des processus complexes et des concepts abstraits.

À RETENIR

Le screencasting désigne l'action d'enregistrer une vidéo de l'écran d'un ordinateur.

Le screencast est la résultante de l'enregistrement de l'écran.

Cas d'usage

Formation à un logiciel

Le screencast est un outil pédagogique efficace pour présenter progressivement les fonctionnalités d'un logiciel, en offrant une démonstration visuelle étape par étape. L'apprentissage d'un logiciel devient alors un jeu d'enfant.

Présentation d'un outil ou d'un dispositif

Le screencast offre une solution efficace qui permet de mettre en évidence des fonctionnalités clés.

Le screencast est un excellent moyen de promouvoir un nouveau logiciel en dévoilant ses principales fonctionnalités de manière attrayante.

Présentation d'un processus

Les processus sont souvent complexes. Grâce au screencasting, ils peuvent être décomposés en séquences visuelles, ce qui facilite la compréhension de l'enchaînement des actions.

Support technique

Le screencast est un outil précieux qui permet de montrer visuellement à un utilisateur comment résoudre un problème rencontré, la manipulation devant être effectuée pour y remédier, ce qui s'avère plus efficace qu'une explication verbale.

Les utilisateurs peuvent également faire des screencasts pour montrer les problèmes qu'ils rencontrent avec un logiciel ou une application, en pointant exactement le problème ou quelle action déclenche l'erreur... En visualisant le problème, le technicien de support peut rapidement identifier la cause et proposer une solution adaptée.

L'utilisation du screencast évite les allers-retours de communication et les longues explications verbales qui peuvent parfois être sources de confusion. Ils contribuent à améliorer la satisfaction client des utilisateurs et à renforcer leur confiance dans le logiciel.

TÉMOIGNAGE

" Grâce au screencasting, nous avons pu considérablement améliorer notre support utilisateur en créant des vidéos-tutoriels concises d'environ 2 minutes, spécifiquement dédiées à certaines fonctionnalités de notre application Elaborha.

Ces vidéos permettent à nos utilisateurs de comprendre rapidement et efficacement le fonctionnement des différentes fonctionnalités, tout en réduisant les sollicitations du support.

Nous sommes également en train de mettre en place une base de connaissances regroupant toutes ces vidéos, accessible directement au sein de l'application.

Pour faciliter encore plus l'expérience, des boutons seront intégrés à l'endroit même des fonctionnalités, permettant ainsi aux utilisateurs de visionner le tutoriel correspondant au moment où ils en ont besoin.

Enfin, dans notre processus d'onboarding, nous proposons soit ces vidéos-tutoriels, soit un parcours interactif, offrant ainsi deux approches complémentaires pour découvrir certaines fonctionnalités. Cette combinaison nous permet d'accompagner nos utilisateurs de manière optimale, tout en réduisant le temps consacré au support.

Nos vidéos-tutoriels sont conçues de manière à offrir un contenu à la fois dynamique et facile à maintenir. Elles sont composées de captures d'écran de l'application, accompagnées d'une voix de synthèse (TTS) pour guider l'utilisateur. Ce format permet non seulement de créer des vidéos claires et engageantes, mais aussi de les mettre à jour rapidement lorsque des fonctionnalités évoluent, garantissant ainsi un support toujours à jour. "

Pierre Escudié
Chef de projet informatique chez ORHA

Les images, schémas et formules peuvent être difficiles à comprendre sur un document statique. Le screencasting permet de décomposer le contenu en séquences visuelles progressives et animées et de les expliquer de manière dynamique, facilitant ainsi leur compréhension.

LES AVANTAGES DU SCREENCAST

Efficacité. Le screencast permet de présenter l'information de manière claire et concise, en évitant toute digression. L'aspect visuel du screencast facilite la compréhension, surtout pour les concepts abstraits ou techniques.

Mémorisation. En associant des images, de l'audio et des mouvements, le screencast sollicite plusieurs canaux sensoriels, ce qui renforce l'ancrage des informations dans la mémoire à long terme.

Répétitivité et réutilisabilité. Grâce à leur nature répétitive et réutilisable, les screencasts favorisent l'apprentissage autonome et optimisent le temps consacré au support. L'apprenant peut revoir les séquences autant de fois que nécessaire pour maîtriser les concepts. Les screencasts automatisent les réponses aux questions récurrentes, libérant ainsi le support technique pour des tâches à plus forte valeur ajoutée.

Accessibilité. Les screencasts sont faciles à diffuser et à partager, ce qui les rend accessibles à un large public.

Maintenabilité. En cas de modification du logiciel, il est relativement simple de mettre à jour un screencast.

FAQ. Les screencasts peuvent être intégrés à une base de connaissance ou à un centre d'aide en ligne, ce qui permet ainsi de diminuer le volume des tickets de support et de libérer du temps pour les équipes. De plus, cela offre aux utilisateurs une expérience plus intuitive et autonome.

Réduction des coûts. Les screencasts représentent un investissement rentable. Utiliser des screencasts pour remplacer ou compléter des formations en présentiel permet de réduire les frais liés aux formateurs, aux salles et aux déplacements. Automatiser une partie du support technique contribue à réduire significativement les coûts liés au personnel.

À RETENIR

Les screencasts représentent un investissement rentable pour les entreprises, en réduisant les coûts liés au support et en améliorant la satisfaction des utilisateurs.

Matériel et logiciel

MICRO POUR L'ENREGISTREMENT DE LA VOIX HUMAINE

L'importance du son

Sur une vidéo, la qualité du son est primordiale. Un son de mauvaise qualité va faire décrocher très rapidement le spectateur.

Au contraire, un son clair et net est un élément clé d'une expérience utilisateur positive. Il facilite la concentration et la compréhension et renvoie imperceptiblement une image de professionnalisme et de qualité, ce qui renforce la crédibilité de votre contenu.

Pour capter une voix nette et réduire les bruits ambiants, je vous conseille de vous équiper d'un micro externe muni d'un filtre anti-pop ou d'un casque avec micro. Les micros intégrés aux ordinateurs sont souvent de qualité inférieure.

À RETENIR

Pour un son professionnel, misez sur un micro externe. C'est un investissement minime qui fera toute la différence !

Microphone externe

Le micro cardioïde est un excellent choix pour enregistrer des voix.

"Le microphone cardioïde tire son nom du motif polaire en forme de cœur. Il est uniquement sensible aux sons provenant de l'avant et des côtés et est classé comme microphone directionnel puisque la direction affecte l'image sonore enregistrée." (Synco, 2022)

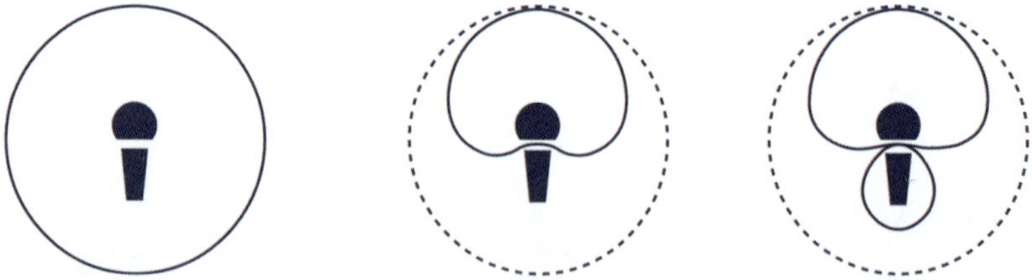

Trois directivités parmi celles qui caractérisent les microphones

Citons quelques-uns de ses avantages :

- **Réduction des bruits de fond**

  Sa directivité en forme de cœur permet de capter principalement le son provenant de l'avant du micro, tout en atténuant les sons latéraux et arrière.

- **Isolation des sources sonores**

  Il est parfait pour isoler une source sonore spécifique d'autres sources proches.

- **Réduction de l'effet de proximité**

  L'effet de proximité est un phénomène acoustique, caractérisé par une l'augmentation des basses fréquences (les sons graves). Il se produit lorsque la source sonore (votre bouche) se rapproche du micro. Les micros cardioïdes sont généralement conçus pour minimiser cet effet. Ils offrent ainsi un son plus naturel et équilibré.

- **Polyvalence**

  Grâce à leur polyvalence, les micros cardioïdes trouvent leur place dans de nombreux contextes, de l'enregistrement studio à la captation de performances scéniques en passant par la production de contenus audiovisuels.

En résumé, le micro cardioïde permet d'obtenir un son clair et net, tout en réduisant les bruits de fond et en isolant les sources sonores.

LE + DE L'EXPERT

Il existe les microphones USB et XLR. Leurs principales différences résident dans leur coût, la qualité et la manière dont ils se connectent à votre ordinateur. Si vous souhaitez un micro plus économique, plus portable et plus facile à connecter à votre ordinateur et qui ne nécessite pas d'équipement supplémentaire, optez pour un micro USB.

ANECDOTE DE L'EXPERT

Dès mes premiers screencasts, j'ai compris que le son était la pierre angulaire d'une bonne production. J'ai donc très rapidement opté pour un équipement simple, mais efficace : un Audio-Technica AT2020 USB+, qui a été mon fidèle compagnon pendant des années. Mais comme tout bon artisan, on cherche toujours à améliorer son outillage. C'est ainsi que j'ai succombé au charme du Yeticaster (Blue Microphones), avec son bras articulé, qui m'offre une liberté de mouvement incomparable.

Micro Yeticaster (Blue Microphones) avec bras articulé

Filtre anti-pop

Un filtre anti-pop est un accessoire indispensable pour l'enregistrement audio, en particulier pour les voix. Il permet d'améliorer considérablement la qualité de vos enregistrements en réduisant les bruits parasites causés par les plosives.

Mais c'est quoi les plosives ?

Les plosives, ce sont les sons produits par les consonnes explosives comme le "p", le "b", le "t" ou le "d". Lorsque l'on prononce ces sons, une bouffée d'air est projetée vers le microphone, ce qui crée des bruits désagréables et des pics de volume qui peuvent saturer l'enregistrement.

Casque avec micro

Vous pouvez également opter pour un casque avec micro cardioïde.

L'utilisation d'un casque vous permet de bénéficier d'une isolation phonique accrue, réduisant ainsi les bruits parasites. De plus, il offre un confort d'utilisation optimal, vous permettant de vous concentrer sur votre enregistrement. Il est donc très pratique pour le screencasting.

LE + DE L'EXPERT

Même si vous n'optez pas pour un casque avec micro, pensez à vous équiper d'un casque qui est un accessoire indispensable. Il vous permettra d'apprécier pleinement les nuances de l'audio enregistré.

Comment choisir son micro cardioïde ?

Pour faire les bons choix, posez-vous les questions suivantes :

- Quel est mon budget ?
- Quelles sont les exigences en termes de qualité sonore ?
- Ai-je besoin d'un micro polyvalent que je puisse facilement déplacer ?
- Quel est mon niveau de confort avec un casque ?

Les prix des micros varient en fonction des fonctionnalités et de la qualité. Audio-Technica, Blue Microphones, Rode et Shure sont des marques réputées pour leurs micros.

À RETENIR

Investir dans un bon micro est essentiel pour produire des screencasts de qualité professionnelle. En choisissant le bon micro, vous améliorerez considérablement la qualité de vos enregistrements et l'expérience de vos utilisateurs.

WEBCAM

La qualité d'une webcam est également un élément crucial pour la réussite d'un screencast. Elle contribue grandement à l'expérience visuelle de votre public et à la professionnalisation de votre contenu.

Si la webcam intégrée à votre ordinateur ne vous propose pas une qualité suffisante, je vous conseille vivement de vous équiper d'une webcam externe. C'est encore une fois un investissement minime, mais qui fera la différence.

Les webcams externes offrent généralement des résolutions bien supérieures (Full HD, 4K) par rapport aux webcams intégrées. Cela se traduit par des images plus détaillées et nettes. Elles peuvent également proposer des options de zoom et de mise au point manuelle, ce qui vous permet d'ajuster l'image selon vos besoins. De plus, les capteurs des webcams externes sont souvent plus performants, offrant de meilleures images en basse lumière et une meilleure gestion des contrastes.

Un autre avantage de la webcam externe, et non pas des moindres, est qu'elle peut être installée où vous voulez sur un bureau, un trépied ou fixée à votre écran, permettant de choisir l'angle de vue idéal.

En résumé, une webcam externe offre une qualité d'image et des fonctionnalités souvent bien supérieures à celles d'une webcam intégrée et permet une plus grande flexibilité d'utilisation.

À RETENIR

La webcam est devenue un outil incontournable pour les professionnels, qu'il s'agisse faire du screencasting, de réaliser des présentations en ligne, ou de participer à des visioconférences. Une image de qualité, grâce à une webcam performante, est la clé d'une communication en ligne réussie.

Comment choisir sa webcam ?

Pour faire les bons choix, encore une fois posez-vous les questions suivantes :

- Quel est mon budget ?
- Quelles sont les exigences en termes de qualité d'image (résolution d'image, cadence d'images, qualité de l'objectif) ?
- Quelles sont les caractéristiques techniques indispensables (autofocus, correction automatique de la luminosité) ?

- Avec quels systèmes d'exploitation la webcam doit-elle être compatible ? Pensez à vérifier la connectique proposée.
- Ai-je besoin d'une webcam avec micro intégré ?

Les prix des webcams varient en fonction des fonctionnalités et de la qualité. Logitech, Microsoft et Razer sont des marques réputées pour leurs webcams de qualité.

Webcam Logitech Brio 4K Stream Edition

TÉLÉPROMPTEUR

Pour enregistrer vos screencasts, vous aurez probablement des textes souvent longs à lire. Simplifiez-vous la vie lors de vos enregistrements grâce à un téléprompteur. Plus besoin de mémoriser votre texte !

En vous libérant de la contrainte et du stress de la mémorisation, le téléprompteur vous permet de vous concentrer pleinement sur l'interprétation de votre message, et ainsi offrir une présentation fluide, naturelle et professionnelle.

Principe de fonctionnement d'un prompteur

"Le prompteur (aussi appelé téléprompteur ou télésouffleur) est un dispositif permettant à un présentateur de télévision ou à un orateur de lire un texte défilant sur un écran placé dans l'axe de la caméra qui le filme et ayant pour fonction de renforcer son assurance." (Wikipédia).

Un téléprompteur traditionnel est composé d'un miroir et d'un moniteur. C'est un équipement performant mais souvent coûteux.

Les applications de téléprompteur, en revanche, rendent cet outil bien plus accessible.

Il est fort probable que vous disposiez déjà de quoi improviser un téléprompteur. La méthode la plus courante consiste à utiliser un deuxième écran, positionné de manière à ce que le texte défile à hauteur des yeux du présentateur, tout en restant invisible pour la webcam.

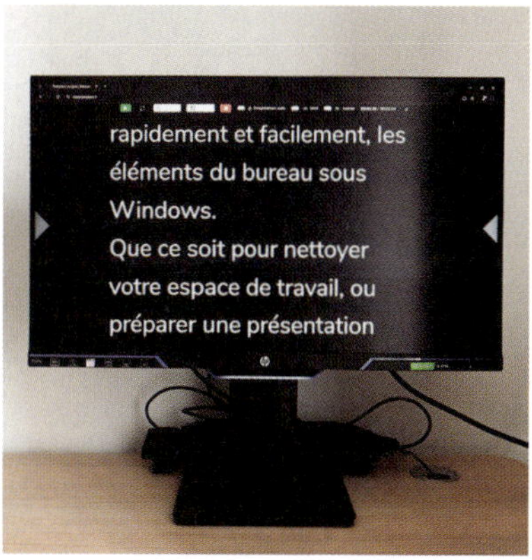

Écran faisant office de téléprompteur

Tablette faisant office de téléprompteur

Une autre option consiste à utiliser une tablette comme téléprompteur. Compacte et généralement plus économique, elle peut être transformée grâce à des applications dédiées qui permettent d'en faire un outil pratique et efficace.

Quelles applications pour téléprompter ?

Les applications pour téléprompter ont des fonctionnalités de base communes telles que la taille du texte et la vitesse de défilement.

Certaines offrent des options de personnalisation avancées, comme le choix de la couleur du texte, les effets de transition, etc.

Voici une liste non exhaustive d'applications gratuites qui feront parfaitement le job.

Applications	URL	Modalité	Langue	Version gratuite
Elegant Teleprompter		Application Android	Français, anglais	Oui
Padcaster Parrot Teleprompter		Application Android et iOS	Anglais	Oui
EasyPrompter		Via un navigateur web	Anglais	Oui (plan basic)
Promptr		Via un navigateur web	Anglais	Oui
Teleprompteur.fr		Via un navigateur web	Français, anglais	Oui

Maintenant, à titre d'exemple, intéressons-nous de plus près à deux de ces applications.

Promptr

Avec son interface web minimaliste, Promptr transforme votre deuxième écran en téléprompteur.

Il suffit de copier-coller votre texte dans Promptr, de régler la vitesse de défilement, la taille et l'alignement, puis de choisir le mode d'affichage : "Normal" ou "Miroir".

Avec Promptr, vous pouvez mettre en avant les mots-clés de votre texte en utilisant différentes options de formatage, comme le gras, l'italique ou le soulignement, et en personnalisant les couleurs.

Lorsque tout est prêt, un simple clic sur l'option "Démarrer" suffit pour lancer la lecture.

Vous pouvez mettre en pause à tout moment.

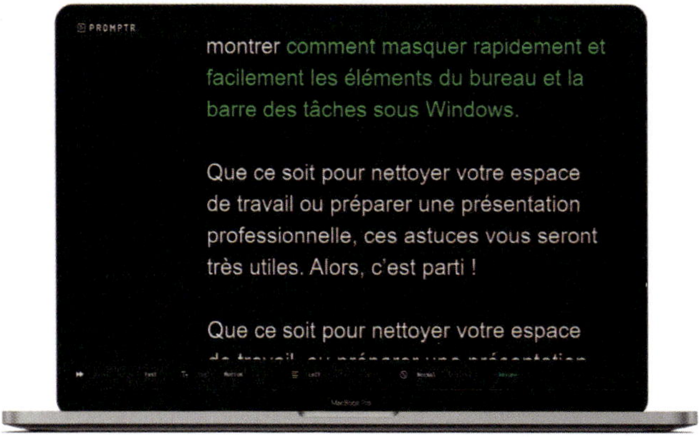

Promptr : Lecture du script

Elegant Teleprompter

Grâce à son interface conviviale et intuitive, Elegant Teleprompter est l'application idéale pour transformer votre tablette (ou smartphone) en téléprompteur.

Il suffit de créer un nouveau script ou d'importer un texte existant. Vous pouvez ajuster la mise en page (gras, italique, taille de police et interligne) et la vitesse de défilement selon vos préférences.

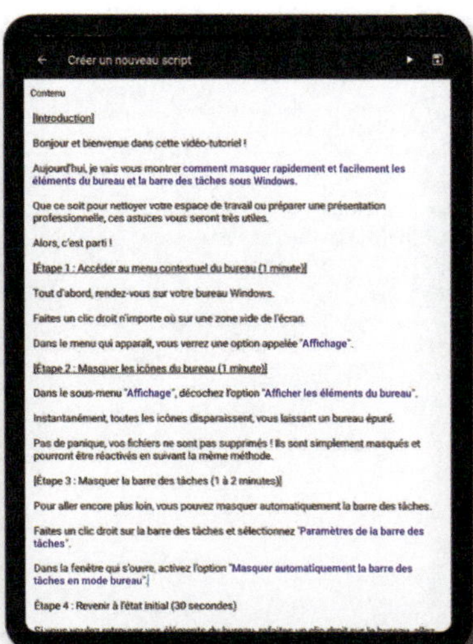

Elegant Teleprompter Pro : Paramétrage de l'affichage du script

Vous bénéficiez d'une fenêtre flottante pour utiliser l'application en même temps que vos autres outils, ce qui s'avère très pratique.

Vous avez la possibilité d'enregistrer vos scripts directement dans l'application pour pouvoir y accéder en un clic.

Pour changer la police de caractères par défaut et supprimer les quelques publicités, il vous faudra passer en version pro pour un investissement de quelques euros.

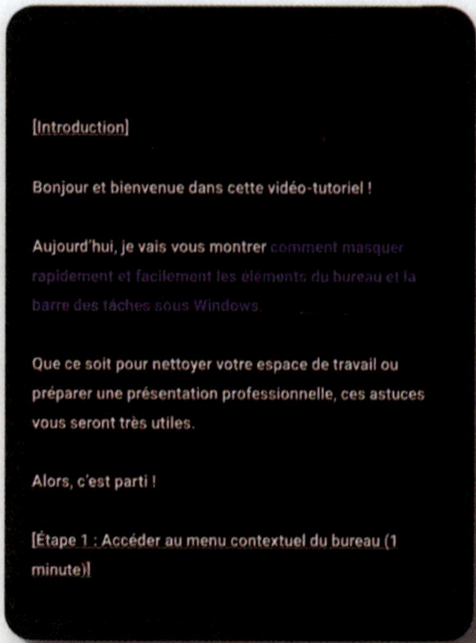

Elegant Teleprompter Pro : Lecture du script

CONSEIL DE L'EXPERT

Pour une utilisation optimale, fixez votre tablette sur un support stable, afin qu'elle ne bouge pas pendant l'enregistrement.

Positionnez-la à hauteur des yeux.

Adaptez la luminosité de l'écran en fonction de l'éclairage de votre environnement pour une meilleure lisibilité du texte.

LE + DE L'EXPERT

Après avoir testé l'utilisation d'un deuxième écran et d'une tablette, ma conclusion est que je préfère utiliser la tablette comme téléprompteur.

Elle peut être facilement placée en hauteur derrière mon écran d'ordinateur, ce qui me permet de positionner ma webcam au centre de mon écran et de regarder dans la même direction lors de l'enregistrement du screencast.

En outre, la tablette étant plus compacte, je peux également la positionner facilement à côté de mon écran sans avoir à détourner mon regard.

Bien que j'utilise une tablette, un grand téléphone pourrait tout aussi bien faire l'affaire.

J'utilise l'application Elegant Teleprompter Pro sur Android, que je trouve très pratique. Elle me permet de mettre en évidence les mots importants, de gérer précisément le défilement du script, et surtout d'enregistrer mes scripts avec tous les paramètres définis. Pour un investissement inférieur à 5 €, cela me permet de gagner en flexibilité et en productivité.

Vous avez réuni tout le matériel nécessaire pour faire du screencasting. Micro, webcam, prompteur... Tout est là ! Non pas exactement. En effet, un élément clé manque encore à votre setup. Prêt à le découvrir ?

Exemple de setup complet

LOGICIELS POPULAIRES DE SCREENCASTING

Pour enregistrer vos screencasts, un logiciel de capture vidéo est indispensable.

Son choix dépendra de vos besoins : que ce soit pour un usage personnel ou professionnel, pour des enregistrements simples ou complexes. Avec la multitude d'outils disponibles, gratuits ou payants, il peut être difficile de s'y retrouver.

Critères de choix d'un outil de screencasting

Lors de votre sélection, concentrez-vous sur les fonctionnalités clés telles que les options de l'enregistreur d'écran et la qualité d'enregistrement, la richesse des options de montage, mais aussi sur des critères plus généraux comme l'ergonomie, le prix, l'évolutivité, la disponibilité d'une assistance efficace et la possibilité de suivre des formations complémentaires pour vous accompagner dans votre apprentissage.

Il convient de commencer par lister les fonctionnalités de base à ne pas négliger.

FONCTIONNALITÉS DE BASE		
Enregistreur d'écran	Zone d'enregistrement	Possibilité d'enregistrer l'écran entier, une fenêtre spécifique ou une zone personnalisée.
	Qualité vidéo	Résolution et fréquence d'images (FPS) ajustables pour un rendu optimal. Résolution de 720p au minimum.
	Enregistrement de la webcam	Intégration de votre webcam pour des vidéos plus personnalisées.
	Enregistrement audio	Capture du micro, du son système ou des deux simultanément.
Outil de montage	Coupe	Suppression de parties indésirables (erreurs, silences...).
	Réorganisation	Déplacement et réorganisation des séquences (clips).
	Ajout d'annotations	Insertion de textes, de formes ou de flèches pour mettre en évidence des éléments.
	Effets visuels	Mise en évidence du curseur de la souris. Zooms, transitions, etc. pour dynamiser le contenu.
	Montage audio	Ajustement du volume, suppression du bruit, ajout de musique de fond.

Regardons les fonctionnalités avancées que vous pourriez également prendre en compte pour choisir votre outil.

FONCTIONNALITÉS AVANCÉES		
Outil de montage	Curseur de la souris	Personnalisation avancée du curseur.
	Trajectoire de la souris	Lissage et ajustement de la trajectoire.
	Effets spéciaux	Mise en surbrillance de zones spécifiques, suppression de l'arrière-plan du présentateur, etc.
	Accès à des ressources complémentaires	Personnalisation des ressources (titres, sous-titres, introductions...).
	Création de presets	Thèmes, annotations et effets personnalisés.
Export	Enregistrement dans différents formats	MP4, AVI, GIF animé...
	Partage sur les principales plateformes vidéos	YouTube, Vimeo...
Collaboration	Partage de projets et ressources	Possibilité de travailler en mode collaboratif.

Tour d'horizon

La profusion d'outils de screencasting peut être déroutante. Voici une liste non exhaustive de logiciels.

Logiciel	Editeur	Fonctions	Langue	Systèmes	Prix indicatif
ActivePresenter	Atomi Systems	Enregistrement d'écran Montage vidéo	Français, anglais	Windows, Mac	Licence perpétuelle : 199 € HT
Bandicam	Bandicam	Enregistrement d'écran	Français, anglais	Windows	Licence perpétuelle : 49,95 € Abonnement annuel : 36,95 €
Camtasia	TechSmith	Enregistrement d'écran Montage vidéo	Français, anglais	Windows, Mac	Abonnement annuel : 160 € HT
Filmora	Wondershare	Enregistrement d'écran Montage vidéo	Français	Windows, Mac	Licence perpétuelle : 119,99 € Abonnement annuel : 79,99 €
Movavi Screen Recorder	Movavi	Enregistrement d'écran	Français, anglais	Windows, Mac	Licence perpétuelle : 54,95 € TTC Abonnement annuel (enregistreur + éditeur) : 133,95 € TTC
OBS Studio	OBS Project	Enregistrement d'écran	Français, anglais	Windows, Mac, Linux	Opensource
ScreenPal	ScreenPal	Enregistrement d'écran	Français, anglais	Windows Mac	Abonnement annuel : 36 $
ScreenFlow	Telestream	Enregistrement d'écran Montage vidéo	Français, anglais	Mac	Abonnement annuel : 169 $
Screenrec	Screenrec	Enregistrement d'écran	Anglais	Windows, Mac, Linux	Abonnement annuel : 59 $
Snagit	TechSmith	Enregistrement d'écran	Français, anglais	Windows, Mac	Abonnement annuel : 39 € HT

Les prix sont communiqués à titre indicatif et se réfèrent au prix de l'abonnement ou de la licence le moins cher. Prix : Février 2025.

Comparaison des fonctionnalités

Intéressons-nous maintenant plus spécifiquement à certains de ces logiciels de screencasting.

Cette évaluation des différentes solutions a été réalisée à partir des versions d'essai (ou gratuites) et des informations disponibles sur les sites des éditeurs. Bien qu'elle offre un aperçu, elle n'est pas exhaustive et peut comporter des inexactitudes. Il est conseillé de vérifier les informations les plus récentes directement auprès des éditeurs.

Cependant, l'analyse des solutions ActivePresenter, Camtasia et Snagit, réalisée avec les versions complètes, est précise.

ActivePresenter

ActivePresenter est un logiciel complet et polyvalent, qui permet de créer des screencasts, des présentations interactives et des simulations logicielles. Cet outil tout-en-un combine un enregistreur d'écran et un outil de montage avancé, facilitant la production de contenus professionnels.

Avec l'enregistreur d'écran, il est possible de capturer tout ou partie de l'écran, voire une application spécifique. Cette fonctionnalité inclut également la capture du curseur de la souris, de la webcam et de l'audio, qu'il s'agisse de la narration ou du son système.

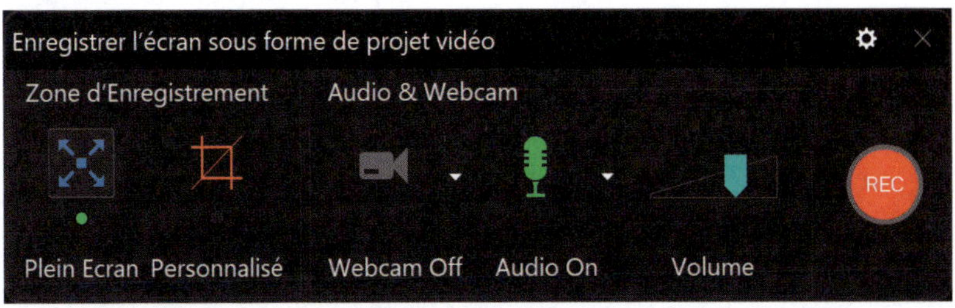

ActivePresenter : Enregistreur d'écran

Une fois l'enregistrement terminé, l'utilisateur accède automatiquement à l'outil de montage vidéo intégré.

Dans l'éditeur, l'enregistrement s'affiche sur le canevas et peut être visionné et modifié. La timeline (ou plan de montage) présente l'enregistrement sous forme de plusieurs pistes distinctes : la vidéo, qui inclut l'écran et le curseur de la souris, la webcam, l'audio de la voix off et le son système. Ces pistes permettent d'intervenir sur les différents éléments.

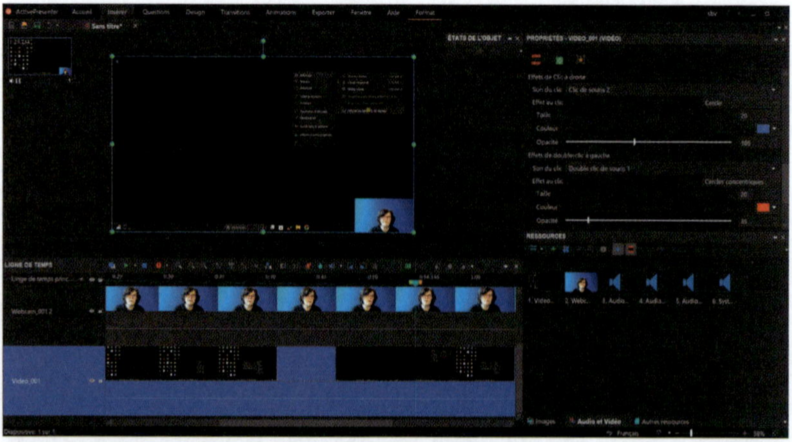

ActivePresenter : Éditeur

La fenêtre des propriétés, accessible depuis l'éditeur, offre la possibilité d'ajuster les paramètres des clips sélectionnés sur la timeline. Par exemple, il est aisé de modifier les effets de curseur pour en améliorer la visibilité, ce qui optimise la compréhension lors du visionnage.

Les screencasts réalisés peuvent être enrichis par des annotations, des animations et des zooms ciblés pour guider l'attention ou souligner des détails clés. Il est également possible d'ajouter des sous-titres pour renforcer l'accessibilité, ainsi que des zones interactives et des quiz pour engager davantage votre public. De plus, l'éditeur inclut des fonctions de base pour améliorer la qualité audio.

Enfin, les vidéos créées avec ActivePresenter peuvent être exportées dans une variété de formats populaires, tels que MP4, WEBM, AVI ou WMV. Cela garantit une compatibilité avec de nombreuses plateformes, rendant le logiciel particulièrement adapté aux besoins des créateurs de contenus multimédias.

Version testée : ActivePresenter Pro v. 9.1.5

Version gratuite : Cette version est destinée exclusivement à un usage non commercial et d'évaluation. Elle inclut un enregistreur d'écran, des outils d'édition de base, la possibilité d'importer des fichiers PowerPoint et d'exporter des vidéos.

CONSEIL DE L'EXPERT

ActivePresenter constitue une option intéressante pour le screencasting grâce à son outil de montage avancé, qui permet de peaufiner les vidéos. Cependant, il manque certaines fonctionnalités avancées telles que l'édition de la trajectoire du curseur lorsque l'on enregistre l'écran en tant que vidéo, ou encore des outils permettant d'accroître la productivité comme par exemple les modèles de vidéos.

En revanche, je le trouve particulièrement adapté pour réaliser des simulations logicielles, en raison de son excellent rapport qualité-prix. L'édition de la trajectoire du curseur est une fonctionnalité disponible lorsque l'on enregistre une simulation interactive.

Bandicam

Bandicam est un enregistreur d'écran pour Windows, optimisé pour les jeux qui utilisent les technologies graphiques DirectX/OpenGL/Vulkan.

Il permet de capturer l'écran en incluant le curseur de la souris, avec des options pour le mettre en évidence et afficher des effets de clic. Il offre également la possibilité d'intégrer une webcam, avec un positionnement ajustable (avant de démarrer l'enregistrement), et d'enregistrer l'audio et le son système.

Il propose six modes d'enregistrement : Zone rectangulaire, Plein écran, Fenêtre spécifique, Enregistrement externe (via des périphériques externes), Enregistrement de jeu et Audio uniquement.

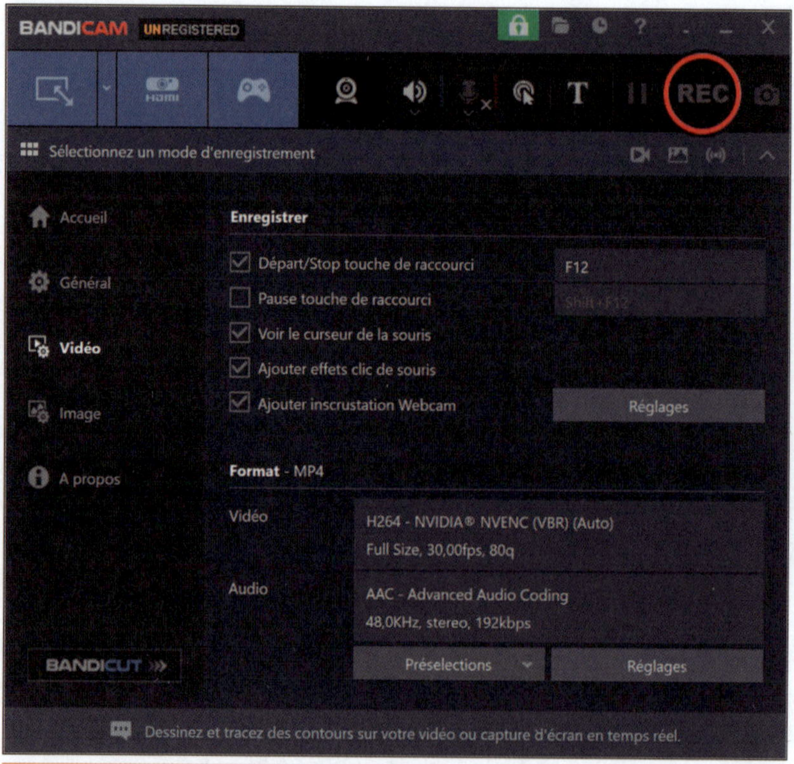

Bandicam : Enregistreur d'écran

Les pistes audio peuvent être sauvegardées individuellement au format WAV et la capture de la webcam peut être enregistrée séparément au format MP4.

Avant de commencer un enregistrement, il est possible d'ajouter un logo ou un texte personnalisable qui sera inclus et gravé dans la vidéo. Pendant l'enregistrement, des annotations en temps réel peuvent être ajoutées directement sur l'écran.

À la fin de l'enregistrement, un fichier MP4 est automatiquement généré.

Pour éditer les vidéos, il est nécessaire d'installer Bandicut, un éditeur basique permettant de couper, scinder et assembler les fichiers.

Bandicam est un enregistreur d'écran polyvalent doté d'une interface intuitive et conviviale, adaptée à une grande variété d'usages. Il se distingue par sa facilité de prise en main.

Version testée : Version gratuite Bandicam 2025 / v. 8.

Version gratuite : Les vidéos enregistrées incluent un logo Bandicam, et les enregistrements sont restreints à dix minutes maximum.

LE + DE L'EXPERT

Bandicam est idéal pour enregistrer des screencasts simples qui ne nécessitent pas de montage. En revanche, si vous souhaitez produire des screencasts enrichis avec des éléments comme des génériques, des animations, etc., il est préférable d'utiliser un logiciel de montage plus avancé que Bandicut.

Camtasia

Camtasia est un logiciel de montage vidéo polyvalent qui s'adresse à un large éventail d'utilisateurs.

L'enregistreur de Camtasia permet de capturer l'écran en haute qualité, avec la possibilité de sélectionner soit l'intégralité de l'écran, soit une zone spécifique. Il permet également d'enregistrer simultanément le curseur de la souris, les raccourcis clavier, le son du micro, du système et la webcam.

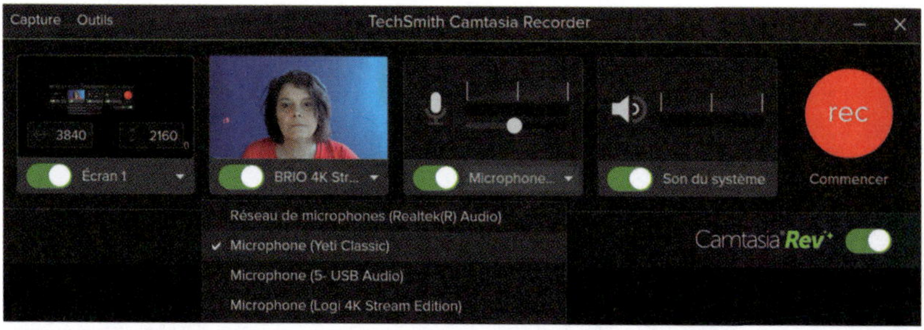

Camtasia : Enregistreur

Une fois l'enregistrement terminé, l'utilisateur accède automatiquement à l'assistant Camtasia Rev, activé par défaut.

Cet assistant intelligent de mise en forme simplifie considérablement la création de vidéos en guidant l'utilisateur étape par étape. Il aide à choisir les dimensions adaptées en fonction de la plateforme de destination de la vidéo, les mises en page optimales et les effets appropriés pour un rendu professionnel en seulement quelques clics. Il est à souligner qu'il propose déjà à ce stade des effets de curseur, comme l'échelle, la couleur, l'ombre et le surlignage, pour mettre en évidence le curseur de la souris, ainsi qu'une fonction de suppression automatique du bruit de la bande audio grâce à l'IA.

Camtasia Rev : Assistant de mise en forme

Si la mise en forme convient et qu'aucune retouche supplémentaire n'est nécessaire, la vidéo peut être exportée directement, offrant ainsi un gain de temps considérable.

En revanche, si des coupes ou des ajustements sont requis, l'utilisateur peut sélectionner l'option "Modifier dans Camtasia" pour accéder à l'éditeur de Camtasia.

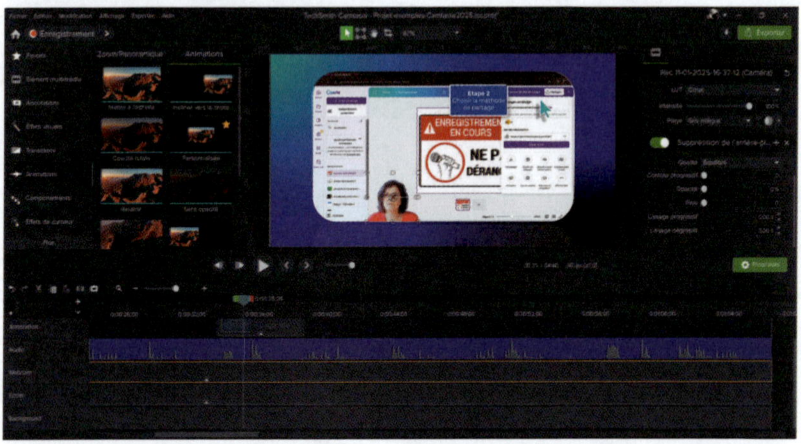

Camtasia : Éditeur

Les outils de montage permettent une personnalisation approfondie : peaufiner le curseur et sa trajectoire, ajouter des annotations pour clarifier le contenu, effectuer des zooms ciblés pour mettre en évidence des détails, générer des sous-titres pour améliorer l'accessibilité, ajuster la webcam pour une qualité optimale… La richesse des outils permet de créer des vidéos parfaitement adaptées aux besoins et aux attentes de votre public.

Camtasia : Panneau Effets de curseur

Camtasia : Propriétés du curseur

L'utilisateur bénéficie d'une interface intuitive et conviviale basée sur le glisser-déposer, conçue pour simplifier le processus de montage.

Elle est divisée en quatre parties principales :

- Le panneau des effets, qui regroupe une variété d'options pour enrichir visuellement la vidéo.
- Le canevas, où l'utilisateur peut visualiser et ajuster directement le contenu de la vidéo.
- Le panneau des propriétés, qui permet d'affiner chaque élément avec précision.

- La timeline multipiste, qui offre un contrôle détaillé et précis sur les différents éléments du projet et facilite les ajustements complexes.

Cette organisation claire et ergonomique rend la création de vidéos non seulement efficace, mais aussi agréable pour les utilisateurs, quel que soit leur niveau d'expérience.

Les enregistrements et vidéos dans Camtasia peuvent être transformés en vidéos proxy. Lorsqu'une vidéo est convertie en vidéo proxy, la taille et la qualité du fichier sont réduites, ce qui fluidifie et accélère le processus de montage. Lors de l'exportation finale, les vidéos proxy sont remplacées par les versions en qualité originale. Cette fonctionnalité est particulièrement utile pour travailler sur des projets lourds ou complexes sans compromettre la fluidité du montage.

Il est à noter que Camtasia permet également d'ajouter des quiz interactifs, des zones cliquables et des sommaires aux vidéos. De plus, il propose une bibliothèque de ressources multimédias intégrées (introductions, arrière-plans, titres, icônes, musique) pour enrichir les vidéos sans avoir recours à des outils tiers.

Les vidéos créées peuvent être exportées dans divers formats populaires, comme MP4, GIF ou M4A, et partagées directement sur des plateformes comme YouTube.

Version testée : Camtasia 2025

Version d'essai : Cette version est valable sept jours, et les vidéos exportées comportent un filigrane.

LE + DE L'EXPERT

Camtasia est un outil particulièrement bien adapté au screencasting, offrant un enregistreur de qualité professionnelle qui permet de capturer des vidéos avec une précision remarquable. Il supporte une fréquence d'images pouvant atteindre 60 images par seconde, garantissant une fluidité optimale des enregistrements.

Son éditeur, riche en fonctionnalités avancées, donne une grande flexibilité pour personnaliser chaque aspect de son projet vidéo.

Si je reprends une expression de TechSmith, dans un screencast "le curseur est la star du show". Et Camtasia me permet de peaufiner et de personnaliser le curseur et sa trajectoire, qui peut être ajustée, voire redessinée, pour garantir que le pointage soit clair et précis, ce qui est crucial pour les vidéos-tutoriels. De plus, Camtasia propose une large gamme d'effets visuels qui facilitent le suivi des actions à l'écran, rendant les vidéos plus engageantes et compréhensibles pour le public.

L'interface de Camtasia est à la fois conviviale et intuitive, ce qui permet aux utilisateurs, même novices, de se familiariser rapidement avec ses outils. En plus des fonctionnalités d'édition, Camtasia propose une multitude d'options pour optimiser les projets. Les outils et les effets peuvent être personnalisés et enregistrés en tant que presets. Les nombreuses ressources multimédias disponibles peuvent également être personnalisées et enregistrées dans des bibliothèques dédiées afin qu'elles soient accessibles de projet en projet. Cela permet de gagner du temps et d'assurer la cohérence d'un projet à l'autre.

Camtasia propose également des modèles de vidéo, ce qui est très utile pour les débutants, car ces modèles fournissent une base solide pour démarrer rapidement. Il permet également de créer facilement des modèles personnalisés. Cette fonctionnalité est particulièrement pratique pour les séries de vidéos-tutoriels, car elle permet de maintenir une cohérence visuelle et structurelle d'un épisode à l'autre, tout en gagnant un temps précieux lors de la production de contenu similaire.

Si Camtasia excelle dans le domaine du screencasting, il se révèle également être un excellent choix pour la réalisation d'autres types de vidéos professionnelles grâce à sa flexibilité et à ses outils de montage puissants. Ainsi, Camtasia se distingue non seulement par sa capacité à produire des screencasts de qualité supérieure, mais aussi par sa polyvalence dans la création de vidéos diverses et professionnelles.

Filmora

Filmora est un logiciel de montage vidéo connu pour sa simplicité d'utilisation et ses nombreuses fonctionnalités, idéal pour les vlogueurs, influenceurs, créateurs de contenu sur les réseaux sociaux, ainsi qu'aux petites structures désireuses de produire des vidéos attractives et professionnelles sans expertise technique approfondie.

Parmi ses fonctionnalités, Filmora inclut un enregistreur d'écran pratique pour capturer toute ou partie de l'écran incluant le curseur (avec des options pour mettre en évidence la souris et afficher les clics), la webcam et l'audio. L'utilisateur peut ajuster la position de la webcam pendant l'enregistrement, offrant ainsi une flexibilité supplémentaire. De plus, une option utile permet de sauvegarder l'enregistrement de la webcam sous forme de fichier distinct, facilitant ainsi le montage et la gestion des différents éléments vidéo.

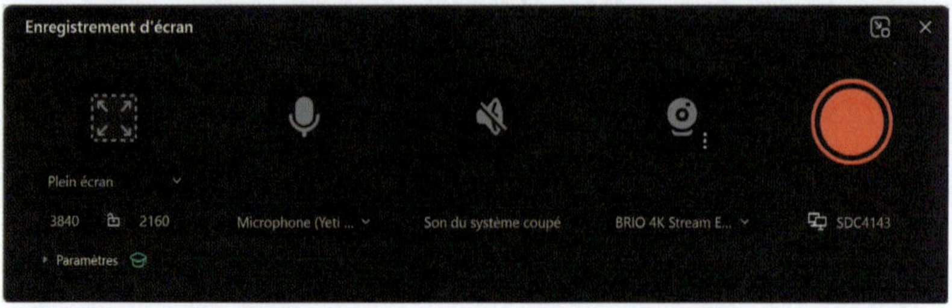

Filmora : Enregistreur d'écran

À la fin de l'enregistrement, le fichier est automatiquement importé dans l'éditeur, où il peut être transformé en clip proxy pour un montage plus fluide.

L'éditeur est doté d'une interface intuitive et conviviale et enrichie d'une vaste bibliothèque d'effets, de transitions et de filtres permettant de réaliser des vidéos créatives.

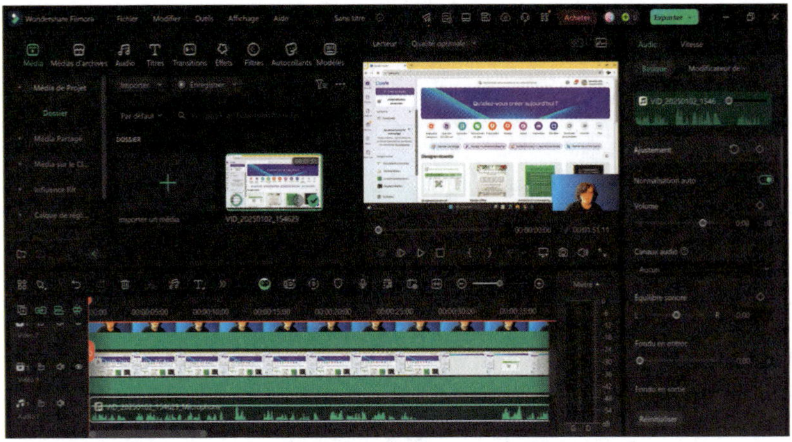

Filmora : Éditeur

Version testée : Version d'essai Filmora 14.

Version gratuite : Cette version n'inclut pas toutes les fonctionnalités offertes par Filmora, et les vidéos exportées comportent un filigrane.

LE + DE L'EXPERT

Filmora est un logiciel doté d'une interface intuitive et conviviale, agréable à utiliser et facile à prendre en main. Son enregistreur permet de capturer l'écran en haute qualité, avec des options de fréquence d'images variant de 20 à 60 images par seconde, et la qualité vidéo et audio peut être ajustée selon les besoins.

L'éditeur de Filmora offre une large gamme d'effets visuels pour créer des vidéos captivantes, ce qui le rend idéal pour des projets vidéo génériques. Cependant, à mon avis, il trouvera ses limites sur des projets de de screencasting avancés, où des fonctionnalités spécifiques, comme la personnalisation avancée du curseur, sont souvent nécessaires. Néanmoins, il reste un outil tout à fait adapté pour des utilisateurs recherchant une solution simple, efficace et accessible.

Movavi Screen Recorder

Movavi Screen Recorder permet d'enregistrer l'écran tout en incluant le curseur de la souris, les frappes au clavier, le microphone, le son système et la webcam. Il offre la possibilité de mettre en surbrillance le curseur de la souris et les clics pour améliorer la visibilité des actions effectuées. Le logiciel intègre également une fonction de réduction de bruit pour garantir un son clair pendant l'enregistrement.

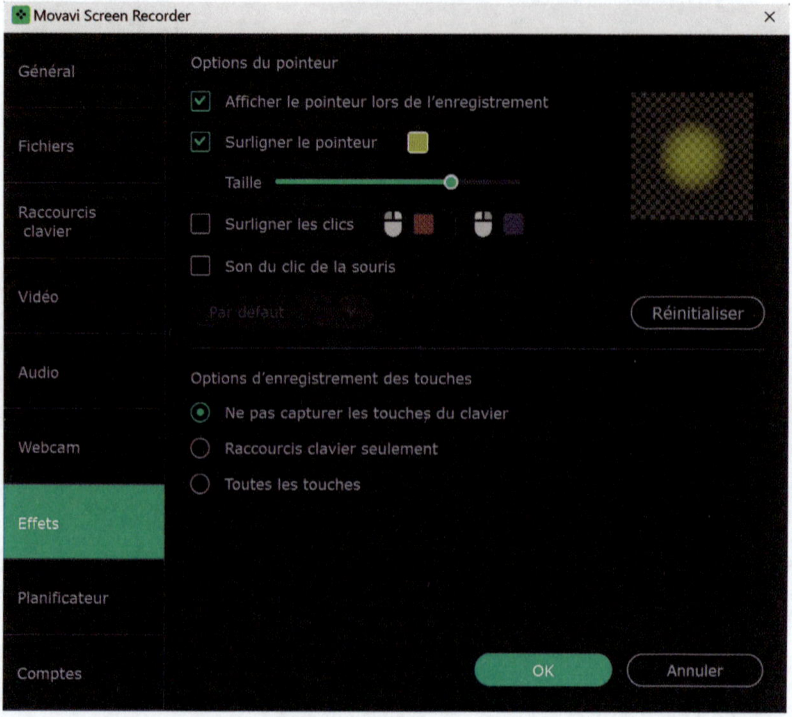

Movavi Screen Recorder : Paramètres de l'enregistreur d'écran

L'enregistreur permet également d'annoter en temps réel pendant l'enregistrement de l'écran.

À la fin de l'enregistrement, Movavi Screen Recorder permet de couper des sections (erreurs, temps morts...) et de capturer une frame spécifique, si besoin. Le screencast peut alors être partagé directement sur YouTube, Google Drive ou exporter dans différents formats, tels que MP4, AVI, GIF, MOV, MKV, WEBM et MP3.

Movavi Screen Recorder offre une option intéressante, à savoir la possibilité de capturer des fenêtres défilantes.

Il existe une formule Movavi qui intègre l'enregistreur d'écran (Movavi Screen Recorder) et un éditeur (Movavi Video Editor) pour le montage vidéo avancé et qui offre des fonctionnalités d'IA, comme la suppression d'arrière-plan et la réduction du bruit.

Version testée : Movavi Screen Recorder V.24.5

Version d'essai : La version d'essai de Movavi Screen Recorder est limitée à sept jours et les vidéos exportées incluent un filigrane.

LE + DE L'EXPERT

Movavi Screen Recorder répond aux besoins d'enregistrement d'écran et propose une variété d'options, comme le réglage de la fréquence d'images et du volume sonore. L'interface est intuitive et agréable.

Pour effectuer un montage vidéo avancé, il faut utiliser Movavi Video Editor. La version d'essai inclut des fonctionnalités limitées et un filigrane est apposé sur les vidéos exportées. Pour tester toutes les fonctionnalités, il faut souscrire à un abonnement mensuel.

Screenrec

Screenrec offre un nombre illimité d'enregistrements en version gratuite, mais la durée de chaque vidéo est limitée à cinq minutes.

Sa principale caractéristique est sa compatibilité multi-plateforme.

ScreenPal

ScreenPal est anciennement connu sous le nom de Screencast-O-Matic.

ScreenPal offre une version gratuite, réservée pour un usage personnel. Les enregistrements sont restreints à quinze minutes maximum, et la qualité vidéo est limitée à 720p.

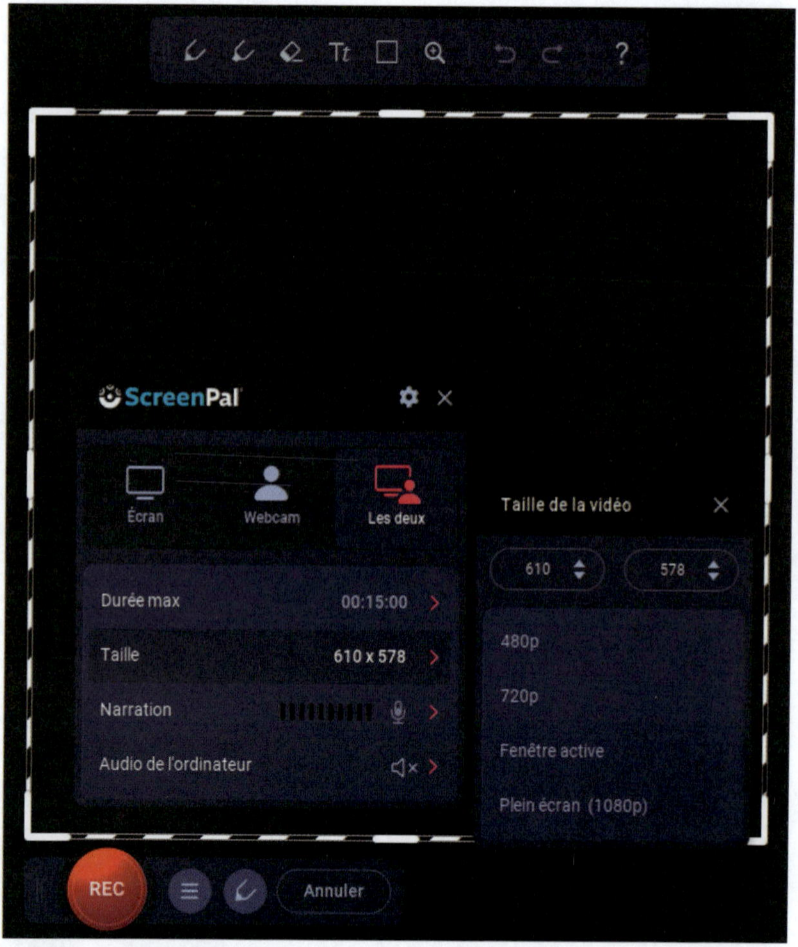

ScreenPal : Enregistreur d'écran

Snagit

Snagit est un enregistreur d'écran polyvalent qui permet de capturer tout ce qui se passe à l'écran.

Il permet d'enregistrer l'intégralité de l'écran ou une zone spécifique, le curseur de la souris (et chaque clic souris si vous le souhaitez, avec la possibilité de mettre en évidence le curseur et les clics souris), le microphone, le son système et la webcam. Il est même possible de choisir un arrière-plan virtuel ou de flouter l'arrière-plan de la webcam avec la version de Snagit pour Mac. Sans oublier que par défaut, la suppression de bruit de fond par IA est appliquée lors de l'enregistrement.

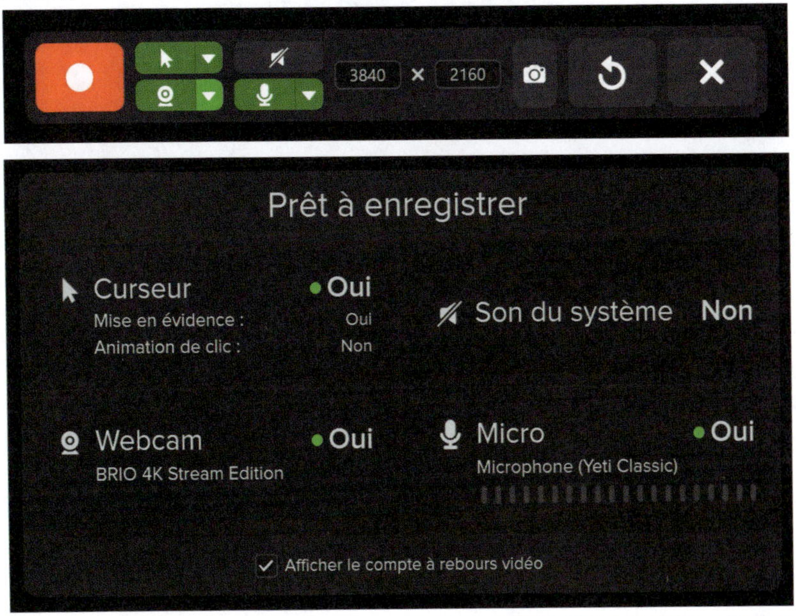

Snagit : Enregistreur de vidéo

Pendant l'enregistrement de l'écran, les vidéos peuvent être annotées en temps réel pour souligner des points importants ou ajouter des commentaires, et la position de la captation de la webcam peut être ajustée pour une présentation optimale.

L'éditeur de vidéo proposé reste basique. Il permet uniquement de faire des coupes sur l'enregistrement et d'ajouter des vidéos à l'enregistrement. Les vidéos peuvent être exportées au format MP4, enregistrées en tant que GIF animés et partagées en un clic sur YouTube, Panopto, Screencast...

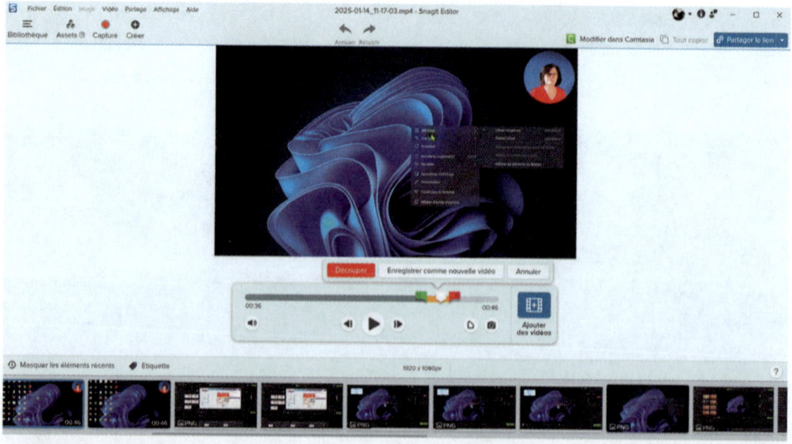

Snagit : Éditeur vidéo

Screencast, proposé par le même éditeur (TechSmith), est une plateforme dédiée au partage et à la collaboration autour des vidéos. Elle permet de partager une vidéo en un clic, offrant ainsi une solution pratique et rapide. Avec un plan gratuit disponible, c'est une option idéale pour débuter ou répondre à des besoins limités en termes de stockage et de fonctionnalités de collaboration.

Snagit est un outil très flexible qui peut s'adapter à de nombreux besoins et à différents profils d'utilisateurs. Pour des screencasts simples ou informels, Snagit est l'outil parfait grâce à son interface intuitive.

Il est important de souligner que son intégration avec Camtasia permet de passer rapidement à des montages plus complexes.

Version testée : Snagit 2025

Version d'essai : La version d'essai est valable quinze jours.

LE + DE L'EXPERT

Snagit est mon couteau suisse pour les captures d'écran et les vidéos courtes et informelles. Quand je dois créer des tutoriels à la volée ou expliquer un processus rapidement, je me tourne systématiquement vers Snagit.

C'est aussi un logiciel que j'utilise quotidiennement, car il ne se limite pas à l'enregistrement d'écran : il permet aussi de réaliser des captures d'écran fixes et défilantes, de les enrichir grâce aux nombreux outils disponibles dans l'éditeur d'images et de créer facilement des guides visuels.

POUR ALLER PLUS LOIN

Snagit ne me permettant pas d'agrandir la taille du curseur de la souris, ni de modifier sa couleur, j'ai une astuce toute simple, qui me permet d'enregistrer un curseur bien visible et facile à suivre.

Avant de procéder à mon enregistrement d'écran, je personnalise les paramètres du pointeur de la souris (taille et couleur) dans le panneau de configuration de mon ordinateur.

Découvrez comment personnaliser l'apparence de votre curseur de souris dans le panneau de configuration de Windows. Cette astuce vous sera également utile pour vos présentations et démonstrations, facilitant ainsi le suivi de vos actions à l'écran.

Exemple

Dans cet exemple d'enregistrement brut réalisé avec Snagit, la souris est parfaitement visible.

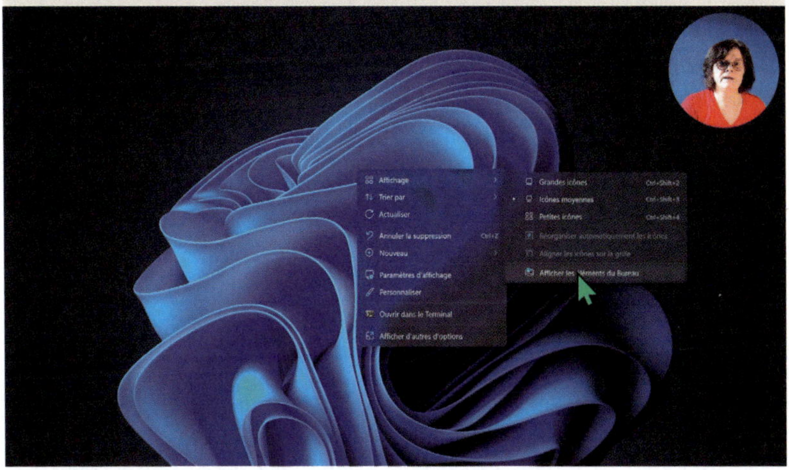

En résumé, la plupart des logiciels de screencasting ci-dessus offrent les fonctionnalités de base recherchées dans un enregistreur d'écran. Si les versions gratuites permettent de s'initier à l'enregistrement d'écran, elles se heurtent rapidement à leurs limites : les filigranes, les durées de vidéo restreintes, les limitations d'usage personnel, etc.

Les versions payantes, quant à elles, offrent des fonctionnalités supplémentaires plus ou moins avancées pour le montage vidéo. Elles répondront aux attentes des utilisateurs les plus exigeants, tels que les créateurs de contenu, les formateurs en ligne ou les entreprises.

CONSEIL DE L'EXPERT

Le logiciel de prédilection de l'expert

Vous l'aurez compris ! Pour réaliser des vidéos-tutoriels ou tout autre projet vidéo exigeant, Camtasia est mon outil de prédilection, et ce depuis plus de 15 ans. Sa puissance, combinée à son interface conviviale, en fait l'outil idéal pour obtenir des résultats professionnels.

Camtasia coche toutes les cases des fonctionnalités nécessaires pour un outil de screencasting complet et performant.

Vous êtes curieux de savoir si Camtasia répond à vos besoins ? Testez-le et voyez par vous-même !

Comment choisir son logiciel de screencasting ?

Pour faire les bons choix, posez-vous les questions suivantes :

- Quel est mon budget ?
- Quelles sont les fonctionnalités clés indispensables que le logiciel doit offrir ?
- Quel est mon niveau d'expertise en montage vidéo ?
- Aurai-je besoin d'un accompagnement pour démarrer ?
- Quelle est la configuration de mon ordinateur ? Assurez-vous que votre ordinateur réponde aux exigences minimales du logiciel choisi en termes de processeur, de mémoire vive et de carte graphique.

Les prix des logiciels de screencasting peuvent varier considérablement en fonction des fonctionnalités offertes, de la complexité du logiciel, et de la cible à laquelle il s'adresse.

En conclusion, le choix de l'outil de screencasting dépendra de votre projet et de vos compétences. Prenez le temps de trouver celui avec lequel vous vous sentirez le plus à l'aise et qui vous permettra de réaliser vos projets efficacement. N'hésitez pas à tester plusieurs logiciels avant de faire votre choix final. La majorité des logiciels offre des versions d'essai. C'est en comparant les différentes options que vous trouverez l'outil idéal pour vos projets.

LA VOIX OFF

La voix off est un procédé narratif polyvalent qui offre de nombreuses possibilités pour enrichir vos contenus vidéos.

En termes simples, la voix off est une voix que l'on entend, mais dont on ne voit pas la source à l'écran.

C'est un outil précieux pour le screencasting, car elle permet d'apporter des explications claires et concises, ce qui facilite grandement la compréhension de vos apprenants. Que vous choisissiez une voix humaine ou une voix de synthèse, la voix off vous permet d'adapter votre contenu à votre public. Vous pouvez ainsi créer des screencasts plus dynamiques et engageants.

La voix off est un atout supplémentaire pour vos screencasts, mais elle n'est pas indispensable. Vous pouvez tout à fait créer des vidéos explicatives efficaces sans recourir à la narration.

Nous reviendrons ultérieurement sur l'importance de la narration dans le processus créatif.

Cette voix off peut être la vôtre, celle d'un acteur, ou artificielle (générée par un logiciel de synthèse vocale).

Voix de synthèse vs voix humaine

Commençons par préciser ce qu'est une voix de synthèse, aussi appelée Text-to-Speech (TTS). C'est une technologie de transformation du texte numérique en paroles lues à haute voix au moyen d'une voix de synthèse. Un générateur de voix IA est un outil plus avancé qui utilise l'intelligence artificielle pour créer des voix de synthèse, qui imitent de manière très réaliste la voix humaine.

La voix humaine peut être enregistrée par l'auteur du contenu lui-même ou par un acteur (comédien de doublage).

En résumé, le choix entre ces deux solutions dépend de plusieurs facteurs, notamment le budget, la complexité du projet et les attentes en termes de qualité.

Maintenant regardons ensemble les avantages et les inconvénients de la voix humaine et de la voix de synthèse.

En conclusion, le choix entre une voix humaine et une voix de synthèse dépend de vos objectifs, de votre budget et du type de contenu que vous souhaitez produire.

	Avantages	Inconvénients
Voix de synthèse	• Cohérence : Les voix TTS offrent une grande cohérence dans les enregistrements. • Coût : Généralement moins cher qu'une voix humaine d'acteur. • Disponibilité : Les voix TTS sont accessibles en continu. • Personnalisation : Des options de personnalisation sont disponibles pour créer une voix unique.	• Manque d'émotion : Bien que performantes sur le plan technique, les voix TTS ont des limites en matière d'expression émotionnelle, ce qui peut nuire à l'expérience utilisateur. • Artificielle : L'absence d'inflexions naturelles les rend moins expressives et moins engageantes. • Qualité variable : La qualité des voix TTS dépend en grande partie de la technologie utilisée et des réglages effectués. • Synchronisation : Il est nécessaire de synchroniser la voix avec les actions à l'écran.
Voix humaine	• Émotion et nuance : Une voix humaine peut transmettre une large gamme d'émotions, ce qui rend le contenu plus engageant et mémorable. • Authenticité : La voix humaine apporte une touche personnelle et authentique aux productions. • Flexibilité : L'humain peut adapter son ton et son rythme à différents styles et contenus.	• Incohérences : Si vous avez besoin de plusieurs enregistrements, la voix peut légèrement fluctuer d'un enregistrement à l'autre. • Coût : supérieur par rapport à une voix TTS. • Délai : La planification d'une session d'enregistrement avec un acteur requiert du temps et peut entraîner des délais de livraison plus longs.

L'IA a propulsé la synthèse vocale à de nouveaux sommets. Grâce à des algorithmes sophistiqués, les outils de génération de voix de synthèse génèrent aujourd'hui des voix incroyablement réalistes même en français, parfois quasi indiscernables de la voix humaine. Cette révolution technologique offre une accessibilité accrue et de nouvelles possibilités créatives dans de nombreux domaines.

Certains outils combinent synthèse vocale et création d'avatars, enrichissant ainsi les possibilités créatives. Nous verrons de plus près l'utilisation des avatars dans les screencasts en fin d'ouvrage (voir page 125).

Comment choisir son logiciel de synthèse vocale ?

Pour faire les bons choix, posez-vous les questions suivantes :

- Quel est mon budget ?
- De quels types de voix ai-je besoin ? Définissez les langues et accents, genres et âges (voix féminines, masculines, enfantines) et les tonalités.
- Ai-je besoin de personnaliser la voix (le ton, la vitesse...) ?
- Quels sont les formats d'export indispensables ? MP3, WAV, etc.
- Quelles sont mes contraintes techniques ? Assurez-vous de la compatibilité avec votre système, que le logiciel ne soit pas trop gourmand en ressources, qu'il puisse s'intégrer à votre chaîne de production (logiciel de montage vidéo...).

En conclusion, le choix du logiciel de synthèse vocale dépendra de vos besoins spécifiques et de votre budget. Encore une fois, prenez le temps de comparer les différentes options et de tester les démos gratuites pour trouver la solution qui vous convient le mieux.

LE + DE L'EXPERT

3 conseils pour choisir votre logiciel de synthèse vocale :

Écoutez attentivement : La qualité de la voix générée est primordiale. Elle doit être claire, naturelle et adaptée à votre projet.

Testez les phrases complexes : Assurez-vous que le logiciel comprenne et prononce correctement les phrases longues, les termes techniques, etc.

Pensez à la post-production : La possibilité d'enregistrer et d'éditer votre projet est essentielle pour affiner le résultat final.

Tour d'horizon

La profusion d'applications de génération de voix de synthèse peut être déroutante. Voici une liste de logiciels, qui encore une fois est non exhaustive.

Logiciel	Lien	Synthèse vocale (TTS)	Clonage voix[1]	Doublage IA[2]	Speech-to-Speech (STS)[3]
Camtasia Audiate		7 langues		✓	
EvenLabs		32 langues	32 langues	29 langues	29 langues
LOVO		+100 langues	✓		
Murf		+20 langues	✓	+10 langues	✓
Resemble		149 langues	✓	✓	✓
Speechify		+100 langues	✓	✓	✓
Synthesia		+140 langues	✓	+29 langues	
Synthesys		+140 langues	✓	+30 langues	✓

Les prix sont communiqués à titre indicatif et se réfèrent au prix de l'abonnement le moins cher. Prix : Février 2025.

Remarque : Les informations de ce tableau sont purement indicatives et basées sur les données mises à disposition par les éditeurs sur leurs sites web. Étant donné la rapidité des mises à jour des solutions de génération de voix de synthèse, il est conseillé de vérifier les informations les plus récentes directement auprès des éditeurs.

	Speech-to-Text (STT)[4]	Avatar	Création de clone numérique	Notes	Prix indicatif
	✓	✓		IA générative : génération de script et traduction Outils amélioration audio	Abonnement annuel : 192 €
				Isolateur de voix	Version gratuite Abonnement annuel : 60 $
				Éditeur de prononciation IA générative : génération de script…	Abonnement annuel : 288 $
				Traduction IA : conversion de scripts et voix dans de multiples langues Changement de prononciation	Version gratuite Abonnement annuel : 228 $
				Édition audio Création de voix personnalisée	Abonnement annuel : 348 $
	✓	✓			Prix NC
		✓	✓	Orthographe phonétique	Version gratuite Abonnement annuel : 192 €
			✓		Abonnement annuel : 243 $

1. Clonage de voix : création d'une réplique de votre voix. - 2. Doublage IA : localisation du contenu. - 3. Speech-to-Speech (ou modificateur de voix) : conversion d'une voix en une voie clonée en conservant le style et l'intonation. - 4. Speech-to-Text : transcription.

Éléments clés du screencast

Le screencast est un outil puissant pour la formation et la communication en ligne. Mais comment s'assurer qu'il soit efficace ?

Un screencast réussi est le fruit d'une combinaison de plusieurs ingrédients. En soignant chacun de ces aspects, vous pourrez créer des contenus de qualité qui répondront aux attentes de votre public.

Découvrons les différents éléments constitutifs d'un bon screencast :

LA CAPTATION VIDÉO DE L'ÉCRAN

La vidéo de l'écran est le cœur du screencast. C'est elle qui permet de capturer et de retranscrire visuellement les actions effectuées sur un ordinateur.

LE MONTAGE

Le montage est l'étape cruciale qui transforme une simple capture d'écran en un screencast percutant.

En découpant les séquences, et en ajoutant des transitions fluides et des effets subtils, vous éliminez les temps morts et dynamisez votre vidéo.

En optimisant la visibilité du curseur et en rendant sa trajectoire fluide, vous simplifiez le suivi des actions à l'écran.

En ajoutant des zooms ciblés et des éléments graphiques, vous mettez en valeur les informations clés et facilitez la compréhension de votre message.

En intégrant un générique de début et de fin, vous structurez votre vidéo, vous captez l'attention dès le début et vous renforcez l'image de qualité de votre contenu.

LA NARRATION AUDIO

La narration audio, c'est la voix qui donne vie à votre screencast. C'est un outil puissant pour améliorer l'impact de votre screencast.

Elle est le fil conducteur. Elle guide le spectateur pas à pas, explique les actions et les concepts les plus complexes, répond aux questions qu'il pourrait se poser, renforce la mémorisation des informations clés et humanise votre contenu.

C'est un atout indéniable pour capter l'attention de votre public.

En ajoutant une voix de qualité, vous transformez votre vidéo en un véritable outil pédagogique.

La narration dans un screencast est un outil puissant, mais elle n'est pas toujours indispensable.

Quand la narration est-elle essentielle ?

- Pour assurer une bonne compréhension : Si certaines actions ou concepts sont complexes, une voix off permet de clarifier et de guider le spectateur.
- Pour créer une ambiance : La narration peut renforcer l'impact d'un message, susciter l'intérêt ou créer un lien avec le spectateur.
- Pour personnaliser le contenu : La voix humanise le contenu et donne l'impression d'être guidée par une personne réelle.

Quand l'image se suffit-elle à elle-même ?

- Pour des tutoriels simples : Si les actions sont intuitives et suffisamment explicites visuellement.
- Pour des démonstrations rapides ou des tutoriels pair-à-pair rapides : L'image peut suffire à transmettre l'information de manière efficace.
- Pour un contenu plus créatif : La musique et les effets sonores peuvent alors remplacer la narration.
- Pour la gestion des versions en langues étrangères : Les instructions visuelles facilitent l'adaptation du contenu car elles ne contiennent pas de texte.

À RETENIR

La nécessité de la narration dépend principalement de trois facteurs.

- **La complexité du sujet** : Plus le sujet est complexe, plus la narration est utile.
- **Le public cible** : Un public débutant aura besoin de plus d'explications qu'un public averti.
- **Le style du screencast** : Un screencast formel nécessitera souvent une narration, tandis qu'un screencast informel peut se contenter d'une démonstration visuelle.

LA QUALITÉ AUDIO

L'audio va permettre à votre public de se concentrer sur votre message, de comprendre les nuances de votre discours et d'apprécier pleinement votre contenu. Un son clair et net améliore considérablement l'expérience utilisateur, favorisant l'engagement et la compréhension.

L'ACCESSIBILITÉ NUMÉRIQUE

"L'accessibilité numérique consiste à rendre les contenus et services numériques compréhensibles et utilisables par les personnes en situation de handicap." - (Référentiel Général d'Amélioration de l'Accessibilité (RGAA), Version 4).

Les screencasts sont devenus des outils pédagogiques et de communication très populaires. Pour qu'ils soient accessibles à tous, il est primordial de prendre en compte les besoins de toutes les personnes, y compris celles en situation de handicap.

L'accessibilité numérique, c'est une question d'équité et d'inclusion, et cela peut aussi être une obligation légale, si votre entité est concernée par le champ d'application.

POUR ALLER PLUS LOIN

Pour en savoir plus sur l'accessibilité numérique et les obligations légales, consultez le site web du gouvernement.

Voici deux éléments à prendre en compte pour rendre vos screencasts accessibles à un public plus large, si vous intégrez une voix off dans votre screencast :

1/ **La transcription textuelle** est le processus de conversion du langage parlé en texte écrit. C'est donc une transcription fidèle de la bande audio, y compris les hésitations.

La transcription textuelle, une fois corrigée et peaufinée, associée à la traduction automatique par l'IA, accélère considérablement la production de contenus multilingues pour s'ouvrir à un public international.

2/ **Le sous-titrage** est un type spécifique de transcription qui affiche le texte écrit et corrigé sur un écran en temps réel, au fur et à mesure que les mots sont prononcés. Le texte est formaté pour une lecture rapide et facile sur un écran, avec des contraintes de taille et de placement spécifiques.

Les sous-titres peuvent se diviser en deux catégories : d'une part, ceux qui se limitent à la traduction des dialogues pour faciliter la compréhension linguistique, et d'autre part, les sous-titres ouverts (CC) ou fermés, qui visent à rendre le contenu accessible à tous en fournissant une transcription exhaustive de l'audio, incluant les dialogues, les effets sonores, les informations sur les locuteurs et toute autre information audio pertinente permettant de contextualiser.

La synchronisation parfaite entre l'image et le texte améliore considérablement la compréhension du contenu. Le sous-titrage permet aux personnes sourdes et malentendantes, ainsi qu'aux personnes dans des environnements bruyants, de suivre le contenu audiovisuel. Il facilite la compréhension pour les personnes dont la langue maternelle est différente. Il s'avère être aussi un outil pédagogique précieux pour apprendre une nouvelle langue.

À RETENIR

La transcription textuelle, associée à des sous-titres synchronisés, non seulement améliore l'accessibilité des contenus, mais offre également une expérience utilisateur plus riche et plus complète.

LE DESIGN GRAPHIQUE

Le design graphique fait partie des ingrédients clés du screencast que vous ne pouvez pas vous permettre de négliger. Il intervient à plusieurs niveaux :

Clarté et lisibilité. Un design bien pensé améliore la lisibilité des éléments à l'écran, que ce soit du texte ou des visuels. Des couleurs harmonieuses, des textes à la bonne taille, des typographies adaptées et une hiérarchisation visuelle claire facilitent la compréhension.

Cohérence visuelle. Un style graphique uniforme tout au long de votre screencast renforce votre image de marque et crée une expérience utilisateur plus agréable.

Attractivité. Un design soigné et esthétique rend votre contenu plus attrayant et retient l'attention de votre public.

Mise en valeur des informations clés. Le design graphique vous permet de mettre en évidence les éléments les plus importants de votre screencast, guidant ainsi le regard de votre spectateur.

Professionnalisme. Un design de qualité donne une image professionnelle et crédible de votre contenu.

CONSEIL DE L'EXPERT

Couleurs : Créez un thème de couleurs basées sur votre charte graphique. Choisissez des couleurs harmonieuses et facilement discernables.

Typographie : Limitez-vous à au maximum deux types de polices de caractères claires et faciles à lire. Évitez les excès de fantaisie ou uniquement à bon escient.

Mise en page : Organisez les éléments à l'écran de manière logique et équilibrée.

Animations : Intégrez des animations subtiles pour guider l'attention du spectateur vers les éléments importants. Évitez les zooms in et out excessifs.

Transitions : Limitez-vous à deux ou trois types de transitions. Évitez l'effet bling bling qui consiste à utiliser tous les types de transitions possibles.

Intro et outro : Créez une signature visuelle forte en développant des séquences d'introduction et de conclusion personnalisées, cohérentes avec votre charte graphique.

LE GÉNÉRIQUE

Un film comporte un générique qui s'affiche au début et à la fin. Le générique d'introduction présente le titre, les principaux acteurs, le réalisateur, le producteur, ainsi que d'autres membres de l'équipe. Il est souvent accompagné d'éléments visuels ou musicaux pour instaurer l'ambiance et captiver le spectateur. Le générique de fin liste toutes les personnes ayant participé à la création du film, et il peut inclure des informations complémentaires telles que les crédits des musiques, les effets spéciaux, les éventuelles collaborations, etc.

Pour une vidéo, le principe est le même !

L'introduction du screencast (appelée "intro") sert à présenter le sujet, le titre de la vidéo et ses objectifs, aidant ainsi à capter l'attention et à orienter le public.

La conclusion (appelée "outro"), quant à elle, peut inclure des éléments comme des remerciements, des liens vers des ressources complémentaires, des crédits de musiques, d'images, des sources, ainsi qu'un appel à l'action.

L'intro et l'outro peuvent également intégrer des logos, des slogans ou des visuels spécifiques à une organisation pour renforcer son identité visuelle.

L'APPEL À ACTION

L'appel à action (CTA pour *Call To Action*) est un élément stratégique pour guider le spectateur vers une action spécifique après avoir visionné le screencast.

C'est comme un panneau indicateur qui donne la direction à prendre. Il transforme la simple visualisation du screencast en une action concrète, telles que le téléchargement d'une ressource, un achat, une inscription, etc.

Le CTA doit être adapté à votre public, à votre objectif et à votre contenu. Il prend en compte les besoins et les attentes de votre public pour l'inciter à passer à l'action.

Avant de rédiger votre CTA, identifiez clairement les résultats que vous souhaitez obtenir.

S'agit-il de :

- Augmenter le nombre d'abonnés ?
- Générer plus de vues ?
- Encourager les commentaires ?
- Diriger vers une autre plateforme ?

Exemples de CTA

Voici quelques exemples d'appel à action.

Téléchargement de la liste des raccourcis clavier

Communiquer clairement l'action attendue : "Pour télécharger la liste complète des raccourcis clavier, cliquez simplement sur le lien en description."

Créer un sentiment d'urgence : "Ne perdez pas une seconde ! Téléchargez gratuitement la liste des raccourcis clavier en cliquant ici avant qu'il ne soit trop tard."

Souligner les bénéfices : "Gagnez du temps et améliorez votre productivité en téléchargeant notre liste exclusive de raccourcis clavier. Lien en description."

Abonnement

Inviter à s'abonner en soulignant la gratuité : "N'oubliez pas de vous abonner pour ne rien manquer de nos prochaines vidéos. C'est gratuit !"

Créer une communauté : "Rejoignez notre communauté en vous abonnant ! Ensemble, apprenons et progressons."

Créer un sentiment d'appartenance : "Faites partie de l'aventure en vous inscrivant à notre chaîne !"

Offrir une valeur ajoutée : "Abonnez-vous pour recevoir des astuces exclusives et des tutoriels personnalisés."

Vous pouvez répéter ce CTA en début et en fin de vidéo.

Proposition d'une autre vidéo

Générer de la curiosité : "Vous voulez en savoir plus sur [sujet] ? Regardez notre prochaine vidéo, où nous aborderons [sujet plus précis]."

Générer de la curiosité avec un ton enthousiaste : "Vous avez aimé cette vidéo ? Alors vous allez adorer la suivante ! C'est par ici : [lien]"

Guider l'utilisateur : "Pour approfondir ce sujet, regardez notre vidéo sur [sujet connexe]. Lien en description."

CONSEIL DE L'EXPERT

Pour maximiser l'engagement de votre public, placez un CTA clair et concis à des moments stratégiques de votre vidéo. Privilégiez la fin pour un appel décisif, tout en profitant du début pour capter rapidement l'attention et encourager une première interaction.

- Utilisez des verbes d'action et des phrases courtes.
- Créez un sentiment d'urgence.
- Mettez en avant les bénéfices.
- Utilisez un ton positif et enthousiaste.
- Affichez votre CTA de manière visuelle.

LE + DE L'EXPERT

CTA dans une vidéo YouTube

Placer plusieurs CTA dans une vidéo YouTube peut être une stratégie efficace, surtout si votre public a tendance à interagir rapidement ou à décrocher avant la fin.

Voici trois moments clés pour les intégrer :

Au début : Ajoutez un CTA succinct et engageant dès les premières secondes, comme inviter à s'abonner ou à liker. Cela fonctionne bien avec un visuel ou un texte incrusté pour ne pas interrompre le flux narratif.

Au milieu : Pour des vidéos plus longues, un CTA intermédiaire peut relancer l'engagement, comme inviter à laisser un commentaire ou à s'abonner pour plus d'astuces.

À la fin : Terminez avec un CTA décisif comme proposer de visiter un site, de regarder une autre vidéo, ou de télécharger une ressource. Insistez sur une action principale : "Abonnez-vous maintenant pour ne rien manquer !"

RESSOURCE

Fiche Mémo CTA

Pour vous aider à créer des CTA percutants, voici une fiche mémo avec des exemples variés.

LA DURÉE

Quelle est la durée idéale d'un screencast ?

Cette question revient sans cesse. En effet, nous souhaitons tous captiver notre public et le maintenir engagé. Or notre capacité de concentration est limitée, surtout face à un écran. Il est essentiel de trouver le bon rythme pour susciter et maintenir l'engagement.

La réponse n'est malheureusement pas aussi simple qu'il y paraît. Tout dépend du contexte : le sujet, la complexité des informations à transmettre, le public visé et même la plateforme de diffusion !

Comme pour un cours, un screencast doit être suffisamment long pour expliquer clairement les concepts, mais pas trop long pour ne pas perdre l'attention des apprenants. Et un expert n'aura pas besoin d'autant de détails qu'un débutant.

Comme il n'y a pas véritablement de réponse à cette question, posons la question différemment : Quelles sont les préférences des utilisateurs ?

Pour répondre à cette question, basons-nous sur l'étude menée par TechSmith en 2024.

Cette enquête a été réalisée auprès de 929 participants répartis dans six pays (États-Unis, Royaume-Uni, Australie, Canada, France et Allemagne), représentant plus de 20 secteurs d'activité différents. Les répondants se sont concentrés sur deux catégories de vidéos : les vidéos pédagogiques et les vidéos informatives.

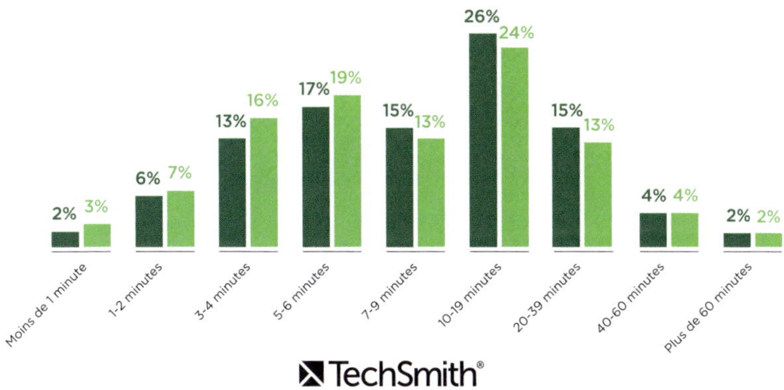

Souce : Video viewer Trends Report (Techsmith, 2024)

Vidéo pédagogique : Une vidéo conçue pour enseigner un processus, comme une vidéo-tutoriel étape par étape ou une vidéo explicative.

Vidéo informative : Une vidéo qui présente des faits, des idées ou des informations.

Durée optimale d'une vidéo

L'étude montre une préférence prononcée pour les vidéos courtes de 3 à 6 minutes, suivies de celles de 10 à 19 minutes, ce qui démontre que la durée optimale dépend en grande partie de la qualité et de la pertinence du contenu.

Alors, plutôt que de chercher une durée universelle, il est préférable d'adapter la durée à chaque contenu et chaque public, et de privilégier la qualité à la quantité.

Le succès d'une vidéo n'est pas déterminé par sa durée.

À RETENIR

Maintien de l'attention de l'utilisateur : Ce n'est pas la durée de la vidéo qui fait que le public décroche. Donnez-lui ce dont il a besoin et ce qu'il attend. Assurez-vous que la description de la vidéo correspond bien à son contenu.

Facilité de consommation : Les vidéos courtes sont généralement plus digestes et compréhensibles, notamment sur les appareils mobiles.

Optimisation pour le référencement : Les algorithmes de recherche favorisent les vidéos de courte durée.

CONSEIL DE L'EXPERT

Concentrez votre vidéo sur un seul sujet avec un seul objectif.

Organisez une série de vidéos : Segmentez en petites vidéos qui fournissent de courtes unités d'information.

Structurez votre contenu : Créez une table des matières pour les vidéos plus longues pour permettre à votre public de naviguer facilement dans la vidéo et d'accéder rapidement aux sections pertinentes.

POUR ALLER PLUS LOIN

Découvrez l'intégralité de l'étude 2024 de TechSmith sur la consommation de vidéos. C'est une ressource précieuse pour concevoir des vidéos pédagogiques et informatives qui répondent aux attentes du public. Elle y aborde d'autres questions clés telles que les raisons d'abandon, l'accueil des avatars IA, et bien d'autres questions, offrant des enseignements directement applicables à la création de vos contenus

Cette étude est disponible en anglais.

Méthodologie

Prêt à créer votre screencast ? Suivez ce guide en cinq étapes pour réussir votre projet.

- La préproduction (ou préparation)
- L'entraînement
- L'enregistrement
- La post-production (ou le montage)
- L'export et la diffusion

Chaque phase est essentielle pour obtenir un résultat professionnel.

PRÉPRODUCTION

Une préparation minutieuse vous permettra d'optimiser votre temps et vous garantira un résultat professionnel. Elle passe par plusieurs étapes nécessaires :

1/ Analyser le public

Un screencast, ce n'est pas juste un enregistrement d'écran. C'est un outil pédagogique sur mesure. Pour qu'il soit clair, efficace et adapté, il faut commencer par étudier son public.

Posez-vous les bonnes questions.

Qui est mon public cible ?	
Quel est son profil ?	Informations démographiques : âge, sexe, profession, localisation géographique...
Quelle est son expérience du sujet du screencast ?	☐ Débutant ☐ Intermédiaire ☐ Expert
Est-il familiarisé avec le jargon technique du sujet du screencast ?	☐ Oui ☐ Non
Quel est son niveau de compétences en informatique ?	☐ Débutant ☐ Intermédiaire ☐ Expert
Est-il à l'aise avec internet et les outils numériques ?	☐ Utilise-t-il régulièrement internet ? ☐ Utilise-t-il des logiciels tels que Word, Excel, PowerPoint...? ☐ Regarde-t-il régulièrement des vidéos en ligne (YouTube, Vimeo...) ?
A-t-il déjà suivi des vidéos-tutoriels ou des cours en ligne ?	☐ Oui ☐ Non
Maîtrise-t-il la langue de la voix off ?	☐ Oui ☐ Non
Quels sont ses besoins et attentes ?	
Qu'est-ce qu'il espère apprendre grâce à mon screencast ?	☐ Apprendre une nouvelle compétence ☐ Résoudre un problème ☐ Se divertir ☐ Autre :
Quelles sont ses principales difficultés ou questions concernant ce sujet ?	
Quel format et type de contenu préfère-t-il ?	☐ Vidéo-tutoriel courte/détaillée ☐ Simulation logicielle ☐ Webinaire ☐ Autre :
Qu'est-ce qu'il apprécie dans une vidéo-tutoriel ?	☐ Clarté des explications ☐ Rythme ☐ Interactivité ☐ Sous-titrage ☐ Autre :
Quels sont ses centres d'intérêt en lien avec le sujet du screencast ?	
Comment puis-je l'aider à atteindre ses objectifs ?	

RESSOURCE

Fiche Analyse du public

Cette fiche est modifiable et peut être personnalisée selon vos besoins.

Vous pouvez élaborer un questionnaire combinant des questions ouvertes et fermées à soumettre à un échantillon de votre public pour effectuer cette analyse.

L'analyse du public est la clé d'un screencast réussi. Elle permet de :

- Personnaliser le contenu : Adapter le langage, le ton, le rythme, la durée...
- Optimiser la pédagogie : Choisir le format le plus adapté et les méthodes d'apprentissage les plus efficaces.
- Améliorer l'expérience utilisateur : Rendre la vidéo agréable à regarder et facile à comprendre.

2/ Définir l'objectif du screencast

Pourquoi devez-vous définir l'objectif de votre screencast ?

Pour vous : Cela vous permet de fixer votre vision, de garder le cap, de vous engager dans l'action et de concentrer vos efforts sur l'essentiel.

Pour votre public : C'est un contrat. Il sait où vous l'emmenez et il peut suivre sa progression. Cela lui donne un repère clair et l'aide à atteindre ses objectifs.

Comment procéder ?

- Définir l'objectif : Quel problème allez-vous résoudre ? Quel savoir allez-vous transmettre ?
- Décomposer : Si nécessaire, divisez votre objectif en plusieurs sous-étapes.
- Adapter : Tenez compte du niveau de votre public, de la durée de votre screencast, des contraintes techniques et temporelles.

Mettons la théorie en pratique. Et maintenant, je vais vous emmener étape par étape dans la création d'un screencast.

LE CAS FIL ROUGE

Sujet de mon screencast : Partager des documents Canva par email.

Analyse de mon public :

Qui est mon public cible ?	
Quel est son profil ?	Public hétérogène (tranche d'âge et profession) Localisé en France
Quelle est son expérience du sujet du screencast ?	Débutant avec Canva Pas de compétence en design graphique
Est-il familiarisé avec le jargon technique du sujet du screencast ?	Non
Quel est son niveau de compétences en informatique ?	Débutant Simples utilisateurs d'ordinateur (Windows ou Mac)
Est-il à l'aise avec internet et les outils numériques ?	Utilisation régulière d'internet Utilisation basique de logiciels de traitement de texte et de tableurs Visionnage régulier de vidéos en ligne principalement sur YouTube
A-t-il déjà suivi des vidéos-tutoriels ou des cours en ligne ?	A déjà suivi des vidéos-tutoriels
Maîtrise-t-il la langue de la voix off ?	Oui pour la majorité
Quels sont ses besoins et attentes ?	
Qu'est-ce qu'il espère apprendre grâce à mon screencast ?	Acquérir une compétence : savoir partager un document Canva avec une autre personne
Quel format et type de contenu préfère-t-il ?	Vidéo-tutoriel courte et concise
Qu'est-ce qu'il apprécie dans un vidéo-tutoriel ?	1. Clarté des explications 2. Rythme 3. Sous-titrage pour les apprenants de Français Langue Étrangère (FLE)
Quels sont ses centres d'intérêt en lien avec le sujet du screencast ?	Apprendre à utiliser les fonctionnalités de base de Canva
Comment puis-je l'aider à atteindre ses objectifs ?	Fournir un guide détaillé étape par étape, en expliquant clairement chaque phase de manière accessible, sans employer de jargon technique, et en ajoutant des sous-titres pour les apprenants de FLE

Objectif de mon screencast : Apprendre à partager un document Canva par email avec un tiers en suivant des étapes claires et faciles à appliquer.

À VOUS DE JOUER !

C'est à vous de jouer maintenant !

Identifiez un sujet que vous pourrez traiter en 1 ou 2 minutes dans un screencast et qui répond à un besoin identifié.

Analysez votre public. Aidez-vous de la fiche "Analyse du public".

Définissez l'objectif de votre screencast.

3/ Rédiger le script

Un script pour un screencast, c'est tout simplement le texte que vous allez dire pendant que vous enregistrez les actions de votre écran. C'est votre guide pour mener votre public pas à pas à travers les différentes étapes que vous souhaitez montrer.

Le script donne le tempo à la voix off, qui commente en direct les actions à l'écran (ouvertures de menus, clics, saisies, etc.).

Exemple de script

Voix off : Cliquez sur le bouton "Exporter" dans le coin supérieur droit.

À l'écran : Le curseur se déplace vers le bouton "Exporter" et il clique dessus. Une nouvelle fenêtre s'ouvre.

Pourquoi utiliser un script pour un screencast ?

Structure et cohérence. En rédigeant un script, vous donnez à votre vidéo une structure claire qui guide votre public pas à pas. Cela facilite la compréhension de votre message et augmente l'impact de votre vidéo.

Fluidité et professionnalisme. En suivant un script, vous parlez de manière plus fluide et naturelle, sans hésitation, ni mot parasite du type Euh... Bah... Donc... Effectivement ! Cela donne à votre vidéo un aspect plus professionnel et engageant.

Gain de temps. Un script bien préparé optimise le montage en réduisant significativement le nombre de coupures nécessaires pour corriger les erreurs ou les hésitations inhérentes à l'improvisation.

Clarté du message. Un script vous aide à formuler votre message de manière claire et concise, en évitant les répétitions et les informations superflues.

Préparation mentale. La préparation d'un script vous permet d'être plus à l'aise et de rester concentré sur votre message lors de l'enregistrement.

En résumé, préparer un script, c'est s'assurer d'un enregistrement serein. Il vous aide à structurer votre contenu, à améliorer votre élocution et à gagner du temps en post-production.

À RETENIR

Les atouts du script pour le screencasting :

Optimisation de la production : Enregistrement plus fluide, post-production simplifiée.

Qualité du contenu : Cohérence narrative, précision des informations, facilité de compréhension.

Flexibilité : Adaptation facile à différents publics et langues.

Comment rédiger un script pour un screencast ?

C'est parti pour un premier draft de script !

Voici quelques conseils pour vous aider à rédiger un script efficace.

- Présentez clairement le sujet et l'objectif du screencast.
- Développez chaque étape de manière claire et concise, en utilisant des exemples concrets si nécessaire.
- Utilisez un langage simple, clair et adapté à votre public cible.
  - Privilégiez les phrases courtes et concises.
  - Utilisez un ton naturel et conversationnel.
  - Évitez le jargon technique excessif. Si vous devez utiliser des termes spécifiques, expliquez-les simplement.

SCRIPT DE SCREENCAST

ÉTAPE	DURÉE	ACTION	NARRATION
Numéroter les étapes.	Indiquer la durée approximative de l'étape.	Décrire les actions visibles à l'écran ou utiliser cet espace pour faire un lien avec le storyboard.	Renseigner le texte de la voix off avec les éventuelles consignes de rythme et d'intonation.

Structure d'un script

Une fois le premier jet terminé, place à l'édition ! Peaufinez votre script en le réorganisant et en effectuant les coupes nécessaires. Vous devez rester concentré sur la promesse de votre screencast.

Pour vous assurer de la fluidité du discours et identifier les éventuelles difficultés d'élocution et de prononciation, procédez à une relecture à voix haute. Améliorez la fluidité en ajustant la ponctuation et en modifiant les mots et les tournures sur lesquels vous butez.

Vous pouvez également soumettre votre script à une tierce personne, pour vous assurer que le message soit clair, que le script ait du sens et qu'il atteigne l'objectif visé. Un regard extérieur vous permettra de détecter d'éventuelles incohérences ou ambiguïtés.

RESSOURCE

Modèle de script

Ce modèle est modifiable et il peut être personnalisé selon vos besoins.

CONSEIL DE L'EXPERT

Privilégiez l'usage du présent. Cela donne à votre public l'impression de vivre une expérience en direct. Même pour relater un événement passé, le présent rend le récit plus captivant et immersif.

Préférez les phrases courtes et simples. C'est plus clair et plus facile à retenir.

Utilisez une ponctuation variée. Les points, les points d'exclamation, les points d'interrogation, les virgules... ce sont vos alliés pour créer du rythme.

Humanisez votre discours. Une petite anecdote, une touche d'humour... cela rend le message plus vivant, et cela contribue au maintien de l'engagement du public.

Utiliser l'IA pour générer votre script

Pour gagner en efficacité et qualité, vous pouvez envisager d'utiliser l'IA afin de créer un script de screencast.

Voici un exemple de script généré par l'IA.

MON PROMPT :

Tu es un expert en conception pédagogique spécialisé en screencasts. Ta mission est de créer un script clair et structuré pour réaliser un screencast court (maximum 2 minutes) pour utilisateurs débutants. Le titre est «Comment partager un document dans Canva».**

Respecte impérativement ces critères dans ta réponse :

Format : Structure le script sous la forme d'un tableau avec 4 colonnes précises :

1. **Temps estimé** (durée cumulée, par exemple : 0:00 - 0:10)

2. **Étape** (numéro de l'étape, titre court et explicite de chaque action)

3. **Action à l'écran** (indique les actions à effectuer à l'écran)

4. **Narration** (texte de la voix off : simple, clair et adapté aux débutants)

Contenu : Le script doit couvrir exclusivement les étapes essentielles pour partager un document Canva avec précision (ouvrir le document, utiliser le bouton «Partager», saisir un email, choisir les autorisations, envoyer).

Introduction : Annoncer l'objectif du screencast.

Conclusion : Inclure à la fin un appel à l'action clair invitant à s'abonner à la chaîne.

Style : Utilise le ton pédagogique, convivial et engageant adapté à une audience débutante, sans jargon technique inutile.

Avant de rédiger, prends le temps de structurer les étapes clés pour garantir un script parfaitement lisible et exploitable immédiatement pour la production d'un screencast.

LA PROPOSITION DE CHATGPT :

Temps estimé	Étape	Action à l'écran	Narration
0:00-0:10	Introduction	Affichez la page d'accueil Canva avec une bannière ou le logo de votre chaîne YouTube.	"Bonjour et bienvenue ! Aujourd'hui, je vais vous montrer comment partager facilement un document dans Canva. C'est rapide et très simple !"
0:10-0:20	1. Ouvrir le document	Cliquez sur un document existant dans Canva pour l'ouvrir.	"Tout d'abord, connectez-vous à Canva et ouvrez le document que vous souhaitez partager. Cliquez simplement dessus depuis votre tableau de bord."
0:20-0:35	2. Accéder au bouton de partage	Montrez le bouton Partager en haut à droite de l'écran Canva et survolez-le avec la souris.	"Une fois votre document ouvert, repérez le bouton 'Partager' en haut à droite de votre écran Canva. Cliquez dessus pour afficher les options de partage."
0:35-0:55	3. Configurer les autorisations	Cliquez sur les options d'autorisation (Lecture, Commentaire, Modification) et survolez-les pour montrer les choix.	"Avant de partager, vous pouvez choisir les autorisations. Par exemple, vos destinataires peuvent seulement lire, commenter, ou même modifier le document."
0:55-1:15	4. Choisir une méthode de partage	Montrez les différentes options de partage (e-mail, lien à copier, ou réseaux sociaux). Sélectionnez une méthode pour continuer.	"Canva propose plusieurs options : vous pouvez partager par e-mail, copier un lien à envoyer, ou même publier directement sur vos réseaux sociaux."
1:15-1:30	5. Partager le document	Cliquez sur Copier le lien ou envoyez une invitation par e-mail. Montrez une confirmation à l'écran (ex. : 'Lien copié').	"Une fois vos paramètres configurés, cliquez sur 'Copier le lien' ou 'Envoyer'. Voilà, votre document est partagé !"
1:30-1:50	Conclusion	Revenez à l'écran principal Canva. Affichez une confirmation que le partage est réussi (par exemple, une notification Canva).	"Et voilà ! Pas besoin de téléchargements ou d'envois complexes. Vous savez maintenant comment partager facilement vos créations dans Canva."
1:50-2:00	Appel à action	Affichez une bannière "Abonnez-vous à notre chaîne YouTube" avec une animation ou un bouton virtuel. Ajoutez un texte incitatif.	"Merci d'avoir suivi ce tutoriel ! Si cette vidéo vous a été utile, pensez à liker et à vous abonner à notre chaîne pour ne manquer aucun de nos tutoriels Canva. À bientôt !"

POUR ALLER PLUS LOIN

Sur les prompts et l'IA générative et dans la même collection que ce livre, je vous conseille les ouvrages de Lucie Dhorne : l'IA pour la formation et les IA textuelles en formation.

Regardons ensemble les bénéfices de l'IA pour la génération de scripts pour le screencasting.

Gain de temps

Vous l'avez compris, créer un script de screencast peut être une tâche longue et chronophage, surtout si vous devez détailler chaque étape et chaque action à l'écran. L'IA permet de générer rapidement des scripts. Cela vous permet de consacrer plus de temps à l'enregistrement et à la production du contenu plutôt qu'à la rédaction du script.

Amélioration de la qualité du script

L'IA peut aider à structurer le contenu de manière logique et fluide, en organisant les différentes étapes de manière cohérente. Cela permet d'assurer une progression logique du screencasting, d'optimiser la narration pour éviter les répétitions ou les sections inutiles, de proposer des transitions efficaces entre les différentes parties...

L'IA peut vous aider à créer des scripts sur-mesure en adaptant le ton de la voix off à votre public. Par exemple, si vous ciblez des débutants, l'IA peut générer un ton simple et explicatif. Si au contraire vous vous adressez à des experts, le ton peut être plus technique et précis.

La rédaction manuelle est souvent sujette à des lourdeurs de style et d'éventuelles erreurs. L'IA permet d'optimiser la qualité grammaticale de votre script en obtenant un avis externe souvent pertinent. Mais gardez à l'esprit que l'IA n'est pas infaillible.

Consistance du ton et du style

L'IA veille à ce que le ton et le style du script soient homogènes d'un bout à l'autre, conférant au screencast un aspect professionnel et soigné, ce qui contribue à maintenir l'engagement.

Amélioration de l'accessibilité

L'IA peut aussi aider à adapter le script pour qu'il soit plus accessible. Elle peut proposer l'intégration de sous-titres, de pauses pour assimiler les informations, ou de visuels supplémentaires pour illustrer des points complexes.

Booster d'idées

L'IA peut vous suggérer des idées de contenu : astuces, FAQ et autres éléments enrichissants pour améliorer l'expérience utilisateur.

À RETENIR

Générer un script de screencast avec l'IA permet de :

- Gagner du temps en automatisant la création du script.
- Améliorer la qualité en obtenant un texte structuré et fluide.
- Optimiser l'engagement avec un contenu adapté à votre public cible.
- Garder une cohérence dans le ton, le style et la progression de la vidéo.

La génération automatique est un gain de temps, mais la relecture reste indispensable pour s'assurer de sa qualité, de sa pertinence, et pour peaufiner les détails. Il est indispensable de garder un esprit critique sur ce que vous propose l'IA. Vous êtes l'auteur du screencast, pas l'IA. Vous apporterez votre expertise pour affiner le script et le rendre unique.

LE CAS FIL ROUGE

Script

J'ai repris le script "Comment partager un document dans Canva" que j'avais généré avec ChatGPT (voir page 70 : Utiliser l'IA pour générer votre script) et je l'ai retravaillé.

Temps estimé	Étape	Action à l'écran	Narration
0:00-0:15	Introduction	Présentateur face caméra.	Bonjour, et bienvenue dans cette vidéo-tutoriel ! Aujourd'hui, je vais vous expliquer comment partager un document Canva par email, de manière simple et rapide. Alors, c'est parti !
0:15-0:25	1. Ouvrir le document	Afficher la page Canva. Cliquer sur un document existant dans Canva pour l'ouvrir.	Tout d'abord, connectez-vous à Canva. Ouvrez le document que vous souhaitez partager. Cliquez simplement dessus depuis votre tableau de bord.
0:25-0:35	2. Accéder au bouton de partage	Montrer le bouton Partager en haut à droite de l'écran Canva. Cliquer sur le bouton Partager.	Une fois votre document ouvert, cliquez sur le bouton "Partager", en haut à droite de votre écran Canva.
0:35-0:55	3. Choisir la méthode de partage	Montrer les options de partage. Renseigner l'email.	Canva propose plusieurs options de partage. Vous pouvez partager par email, copier un lien à envoyer ou même publier directement sur vos réseaux sociaux ! Dans ce champ, renseignez l'email de la personne avec laquelle vous souhaitez partager votre document Canva.
0:55-1:15	4. Configurer les autorisations	Cliquer sur l'option Modification. Survoler les options. Sélectionner l'autorisation Peut modifier.	Avant de partager, vous devez sélectionner les autorisations données. Cliquez sur le bouton "Modification". Vous choisissez ce que le destinataire est autorisé à faire : Il peut modifier le document, il peut le commenter, ou il peut seulement l'afficher. Sélectionnez l'option souhaitée.
1:15-1:30	5. Renseigner les paramètres facultatifs	Montrer l'option Envoyer une notification. Montrer le champ pour saisir un message.	Laissez cochée l'option "Envoyer une notification" pour que le destinataire reçoive un email. Si vous le souhaitez, vous pouvez lui écrire un message dans ce champ.
1:30-1:40	6. Envoyer le document	Cliquer sur le bouton Partager.	Une fois vos paramètres configurés, cliquez sur le bouton "Partager". Voilà, votre document est partagé !
1:40-1:50	Conclusion	Présentateur face caméra.	Vous savez maintenant comment partager facilement vos créations dans Canva. Merci d'avoir suivi cette vidéo-tutoriel.
1:50-2:00	Appel à action	Afficher la bannière Abonnez-vous !	N'oubliez pas de vous abonner à notre chaîne pour ne rien manquer de nos prochaines vidéos sur Canva !

À VOUS DE JOUER !

C'est à vous de rédiger le script de votre screencast.

Vous pouvez utiliser le modèle de script fourni.

4/ Créer le storyboard

Dans le contexte d'un screencast, un storyboard est une représentation visuelle séquentielle de ce que l'utilisateur verra à l'écran. C'est un peu comme une bande dessinée qui décrit étape par étape les actions à effectuer. Il sert de guide pour le créateur du screencast, l'aidant à visualiser le déroulement de sa présentation, à organiser ses idées et à assurer une cohérence narrative.

Pas besoin de logiciels compliqués ! Un simple Google Docs, PowerPoint ou même du papier et un crayon suffisent pour créer votre storyboard.

Pourquoi utiliser un storyboard pour un screencast ?

Clarification de l'objectif. Vous définissez clairement ce que vous voulez montrer et transmettre.

Amélioration de la qualité. Vous structurez votre présentation de manière logique et fluide, afin d'éviter d'éventuelles incohérences.

Optimisation du temps. En planifiant à l'avance, vous réduisez les temps de production, les risques d'erreurs ou d'oublis pendant l'enregistrement.

Communication. C'est un outil de communication efficace pour le travail en équipe. Il permet de partager sa vision du projet.

À RETENIR

Le storyboard sert à planifier le contenu et faire en sorte que la vidéo soit ciblée et courte et à poser les étapes du déroulé pour un résultat logique et fluide.

Comment créer un storyboard pour un screencast ?

Identifier les étapes clés. Décomposez votre sujet en séquences logiques et numérotées. Chaque scène correspond à une idée ou à une action spécifique.

Créer des vignettes. Dessinez ou utilisez des captures d'écran pour représenter chaque étape.

Ajouter des notes. Indiquez ce qui se passe à l'écran, les actions à effectuer, les textes à afficher, les commentaires audio, etc.

Organiser votre storyboard. Assemblez les vignettes pour former une séquence cohérente.

STORYBOARD DE SCREENCAST

#	DURÉE	ÉCRAN	ACTION	NARRATION	NOTES
Référencer l'écran.	Indiquer la durée de l'écran.	Renseigner le titre. Insérer la capture d'écran.	Décrire les actions à l'écran.	Renseigner le texte de la voix off.	Indiquer les flèches, les textes des annotations, les zooms... Lister et référencer toutes les ressources (fichiers audio, vidéos, images...) en indiquant si la ressource existe ou est à produire. **Ces notes sont à destination de la personne qui monte la vidéo.**

Structure d'un storyboard détaillé

La complexité de votre storyboard est proportionnelle à la complexité du screencast.

Un screencast simple peut se contenter d'un storyboard sommaire pour garantir la clarté et la cohérence tout au long de la vidéo. Cet effort de planification minimal permet d'obtenir un produit final soigné qui communique clairement les instructions ou informations.

Tous les projets vidéo ne nécessitent pas de faire un storyboard. Cela dépend du contexte, de la complexité du projet et des besoins de l'équipe de production.

	Quand un storyboard est nécessaire	Quand un storyboard n'est pas nécessaire
Projet	Nouveau Premier screencast ou format inédit.	Répétitif / Standard Vous avez déjà produit des screencasts similaires.
Contenu visuel	Complexe	Simple Le screencast se limite à quelques actions basiques. Le script peut suffire.
Format	-	Informel
Travail	En équipe Le storyboard sert de référence commune pour le travail en équipe.	Individuel Vous êtes la seule personne à planifier, enregistrer et monter le screencast.
Temps	-	Limité
Validation	Externe Il permet de faire valider le contenu par une autre partie.	-

À RETENIR

Faire un storyboard pour un screencast n'est pas obligatoire, mais il est fortement recommandé pour les projets complexes ou collaboratifs.

RESSOURCE

Modèle de Storyboard

Un modèle de storyboard est disponible au téléchargement. Il est modifiable et peut être personnalisé selon vos besoins.

CONSEIL DE L'EXPERT

Soyez précis. Les vignettes doivent être claires et concises, permettant à quiconque de comprendre la séquence d'actions.

Utilisez des flèches et des annotations pour indiquer les clics, les déplacements de souris, etc.

Ne surchargez pas. Un storyboard doit être clair et facile à comprendre. Évitez les détails inutiles.

Différences entre un script et un storyboard

Un script et un storyboard se distinguent par leur fonction et leur format. Ces deux outils sont complémentaires.

	Script	**Storyboard**
Fonction	Guider pour la narration et les actions à effectuer.	Représenter visuellement chaque scène du screencast.
Format	Document textuel détaillant tout ce qui est dit et fait dans le screencast.	Document combinant du texte et des visuels pour montrer ce qui se passe à chaque étape.
Caractéristiques	Textuel. Il est entièrement écrit et structuré. Voix off. Il inclut le texte exact de la voix off. Actions à l'écran. Il décrit les mouvements du curseur, les clics et les transitions. Chronologie. Il peut inclure des indications sur la durée de chaque étape.	Visuel. Il présente des captures d'écran, des croquis, etc. pour illustrer chaque étape ou action. Texte et annotations. Il peut inclure des notes pour la voix off, des descriptions des actions et des instructions techniques. Disposition séquentielle. Il est organisé en cases, chaque case représentant une étape ou une action. Chronologie. Il peut inclure des indications sur la durée de chaque étape.
Utilité	Fournir un plan clair pour produire le screencast, souvent utilisé par la personne qui réalise ou monte le screencast.	Permettre de visualiser le produit final avant la production, en s'assurant que le contenu et le design sont bien alignés.

À RETENIR

Tout comme un script structure votre narration, un storyboard visualise votre scénario.

STORYBOARD DE SCREENCAST

#	DURÉE	ÉCRAN	ACTION	NARRATION	NOTES
6	20'	Revenir à l'état initial : réafficher les éléments du bureau 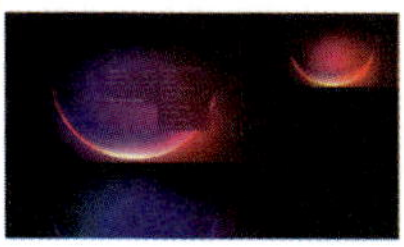	Clic droit sur le bureau pour afficher le menu contextuel.	Si vous voulez retrouver vos éléments du bureau, refaites un clic droit sur le bureau, allez dans "**Affichage**", et cochez à nouveau l'option "**Afficher les éléments du bureau**".	Ajouter un zoom ciblé sur le menu contextuel. Ajouter un encadré qui se dessine autour du menu "**Affichage**" et du menu "**Afficher les éléments du bureau**". Dézoomer.

Extrait d'un storyboard

LE CAS FIL ROUGE

Storyboard

Mon projet "Comment partager un document dans Canva" ne nécessite pas de storyboard pour plusieurs raisons : le contenu visuel est simple, mon script est suffisamment détaillé, je travaille en solo sur ce projet, et de plus je dispose déjà d'un modèle pour cette vidéo-tutoriel qui s'inscrit dans une série de vidéos.

À VOUS DE JOUER !

C'est à vous de créer le storyboard de votre screencast.

Vous pouvez utiliser le modèle de storyboard fourni et le simplifier si votre projet ne nécessite pas un storyboard détaillé.

5/ Préparer la checklist d'avant-enregistrement

La checklist d'avant-enregistrement, c'est quoi ? C'est la liste des éléments à vérifier avant de lancer un enregistrement d'écran.

À quoi sert cette checklist ?

C'est un gain de temps et de qualité assuré, sans risque d'oubli !

Voici un exemple de check-list que vous pouvez personnaliser.

ESPACE DE TRAVAIL

- ☐ Ranger le bureau pour créer un environnement de travail aéré et organisé.
- ☐ Éliminer les sources de bruit : fermer les fenêtres, éteindre le téléphone, désactiver les notifications (messagerie, réseaux sociaux, etc.).
- ☐ Prévoir un verre d'eau à proximité pour s'hydrater avant et pendant l'enregistrement.

ORDINATEUR

- ☐ Brancher l'ordinateur sur secteur pour éviter les coupures.
- ☐ Fermer toutes les applications inutiles.
- ☐ Libérer de l'espace mémoire pour optimiser les performances.
- ☐ Nettoyer le bureau virtuel : masquer les icônes et choisir un fond d'écran neutre.
- ☐ Vérifier la connexion internet.

MATÉRIEL D'ENREGISTREMENT

- ☐ Lancer l'application à capturer.
- ☐ Ouvrir tous les fichiers nécessaires à l'enregistrement.
- ☐ Lancer le logiciel de screencasting.
- ☐ Positionner le téléprompteur à hauteur des yeux pour une lecture fluide.
- ☐ Installer la webcam externe et ajuster le cadrage pour une image nette.
- ☐ Vérifier l'éclairage et l'arrière-plan pour un rendu visuel professionnel.
- ☐ Tester le micro pour s'assurer d'une qualité sonore optimale.

RESSOURCES

Checklist

Elle est modifiable et elle peut être personnalisée.

Découvrez comment nettoyer le bureau et masquer la barre des tâches sous Windows.

CONSEIL DE L'EXPERT

Imprimez et affichez cette checklist à portée de vue.

Utilisez-la comme guide à chaque enregistrement.

En résumé, si vous travaillez bien l'étape de préparation, vous gagnerez un temps précieux pour les étapes qui suivent, notamment pour l'étape d'enregistrement du screencast. Investir du temps dans la préparation, c'est gagner du temps à l'arrivée !

TÉMOIGNAGE

« Utiliser de bons outils de production ne suffit pas à l'obtention d'un screencast réussi. La phase de préparation reste cruciale, elle inclut l'écriture d'un scénario précis de la future vidéo et la préparation des supports à filmer (ce qui apparaîtra dans cette vidéo). La préparation permet de s'assurer un résultat plus professionnel et de fournir des explications claires et cohérentes.

Ce temps passé en amont du tournage de vidéo me permet d'éviter les erreurs et d'obtenir un tournage fluide. C'est, pour moi, l'assurance de réduire considérablement la phase de post-production. »

Delphine Smolinski
Ingénieur pédagogique

ENTRAÎNEMENT

La préparation est terminée. Place à l'entraînement !

Cette étape va vous permettre de vous familiariser avec votre script, de gagner en confiance et d'optimiser vos gestes à l'écran.

Pas de panique ! Plus vous créerez de screencasts, plus vous optimiserez votre processus et gagnerez en rapidité.

1/ S'approprier le script

L'appropriation d'un script consiste à rendre le texte rédigé personnel et naturel à l'oral. Il s'agit de passer d'un simple enchaînement de phrases à une véritable interprétation, où les mots prennent vie et transmettent une émotion, une idée ou un concept de manière claire et efficace.

En d'autres termes, c'est faire du script une partie intégrante de soi, pour le délivrer avec fluidité et conviction.

À RETENIR

S'approprier un script, c'est bien plus que de le réciter. C'est lui donner vie !

Pourquoi est-ce important ?

Un script bien approprié donne l'impression que vous parlez naturellement, sans lire. Le public se sent davantage connecté au présentateur et est plus réceptif au message.

La maîtrise du script vous donne confiance. La confiance en soi se ressent et se transmet au public, rendant la présentation plus dynamique et engageante.

Une présentation engagée laisse une trace plus profonde dans l'esprit du public et favorise la mémorisation du message.

Comment s'approprier un script ?

Si vous n'êtes pas l'auteur du script, vous aurez peut-être besoin de le personnaliser légèrement. Relisez le script à voix haute et effectuez les corrections mineures que vous jugeriez utiles pour gagner en naturel et fluidité.

Lisez le script à voix haute jusqu'à ce qu'il vous devienne familier. Cela vous permettra de vous approprier le texte et de le restituer de manière fluide et naturelle lors de l'enregistrement de votre screencast.

Travaillez la prononciation et l'intonation. Une bonne diction et une intonation adaptée renforcent l'impact de votre message.

Enregistrez-vous et écoutez-vous attentivement. Cette technique vous permettra d'identifier les points à améliorer, tels que votre prononciation, votre intonation ou votre rythme. Vous pourrez ainsi ajuster votre prestation en conséquence et gagner en confiance.

Entraînez-vous à parler devant un miroir pour observer votre expression faciale. N'oubliez pas que le sourire est un puissant outil de communication : il se voit et il s'entend.

Plus vous vous approprierez votre script, plus facile et rapide sera l'enregistrement du screencast.

À RETENIR

L'appropriation du script est une étape préparatoire qui permet d'acquérir l'aisance nécessaire à une réalisation de qualité.

Négliger cette étape, c'est s'exposer à des difficultés lors de l'enregistrement.

2/ S'entraîner pour être à l'aise en phase d'enregistrement

Une bonne prise de parole demande de l'entraînement, tant au niveau de la voix que de la présence à l'écran.

Il n'y a pas de secret. La maîtrise de la prise de parole en vidéo est le fruit d'un entraînement régulier.

La voix

Il faut prononcer correctement, moduler son intonation pour souligner les idées importantes, et adapter son débit à son public. Une voix bien posée, c'est la garantie d'une communication efficace et d'un impact durable.

Diction

La qualité de la diction est primordiale. Chaque syllabe doit être prononcée distinctement pour que le message soit clair et compréhensible.

Une diction soignée renforce la crédibilité et inspire la confiance.

Une prononciation approximative peut distraire votre public et le détourner du contenu.

Soignez la prononciation. Articulez !

Intonation

C'est le mouvement mélodique de la voix, caractérisé par des variations de hauteur.

Elle donne du rythme et anime votre discours et le rend plus agréable à écouter.

Les variations d'intonation maintiennent l'attention de votre public et évitent la monotonie.

Utilisez des pauses pour mettre en valeur certains mots.

Débit

Le débit, c'est la vitesse à laquelle nous parlons. Il est mesuré en mots par minute : généralement entre 120 et 160. Il influe sur la manière dont notre message est perçu.

Un débit trop lent peut sembler ennuyeux et faire perdre l'attention de votre public.

Un débit trop rapide peut rendre votre discours difficile à suivre et créer une impression d'empressement.

Volume

Le volume, c'est l'intensité de la voix.

Il permet d'attirer l'attention et de mettre l'accent sur des éléments clés.

CONSEIL DE L'EXPERT

Respectez la ponctuation pour donner du rythme et de la fluidité à votre discours.

La prestance devant la webcam

Une fois que vous avez acquis les bases de la prise de parole en vidéo, il est important de se pencher sur l'optimisation de votre image à l'écran.

Regard

Le regard est essentiel pour créer un lien avec votre public. Il faut regarder la webcam, comme si vous vous adressiez à une seule personne.

Expressions faciales

Les expressions du visage enrichissent le message et rendent la communication plus vivante.

Gestuelle

La gestuelle doit être naturelle et accompagner la parole. Il faut toutefois éviter les mouvements trop amples ou répétitifs qui peuvent distraire l'attention.

Les mouvements intempestifs peuvent générer des incohérences visuelles au moment de l'assemblage des plans en post-production.

Posture

Une posture droite et détendue inspire confiance et professionnalisme.

La confiance devant la caméra s'acquiert avec l'expérience. Plus vous vous filmerez, plus vous vous sentirez à l'aise.

3/ S'entraîner à effectuer les actions à l'écran

La précision de vos mouvements à l'écran lors de l'enregistrement est primordiale pour gagner en efficacité et limiter le travail de montage en post-production.

À faire :

- Réaliser des actions fluides et précises à l'écran pour éviter les mouvements brusques.
- Effectuer des clics nets et précis pour améliorer la compréhension.

À éviter :

- Les survols inutiles pour maintenir une concentration visuelle sur les éléments importants.
- Masquer les éléments d'interface avec le curseur afin de préserver leur lisibilité.

À considérer :

- Utiliser les raccourcis clavier pour réduire les interactions avec la souris et gagner en efficacité.

CONSEIL DE L'EXPERT

Optez pour une souris avec un capteur précis.

Ajustez les paramètres du curseur de votre souris (vitesse, précision...). Trouvez le bon équilibre entre rapidité et précision.

Utilisez un tapis de souris pour améliorer la précision et le confort de vos mouvements.

ENREGISTREMENT DU SCREENCAST

Vous voilà prêt à enregistrer votre screencast... ou presque ! Encore quelques petits détails avant de passer devant la caméra.

Il va falloir vous installer pour enregistrer votre écran et votre webcam.

1/ Installation

Préparer son ordinateur pour l'enregistrement d'écran (vidéo)

Les étapes qui suivent garantiront une performance optimale et une présentation professionnelle lors de l'enregistrement de vos screencasts.

- **Brancher l'ordinateur sur l'alimentation secteur**. Si vous utilisez un ordinateur portable, assurez-vous qu'il est connecté à une prise électrique pour éviter qu'il ne s'éteigne en raison d'une batterie faible.
- **Couper les notifications des applications**. Désactivez les notifications des messageries comme WhatsApp ou Slack, de vos réseaux sociaux, ainsi que des applications telles que Gmail ou Outlook. Cela évitera que des emails entrants ou des popups perturbent votre enregistrement.
- **Libérer de l'espace mémoire**. Supprimez des fichiers inutiles, comme des vidéos téléchargées ou des fichiers temporaires, pour garantir suffisamment d'espace de stockage sur votre ordinateur. Par exemple, nettoyez votre dossier de téléchargements avant de commencer.
- **Arrêter les processus inutiles**. Fermez les programmes qui fonctionnent en arrière-plan. Ils peuvent ralentir votre système en utilisant des ressources, même s'ils ne sont pas directement visibles.
- **Nettoyer le bureau**. Masquer les icônes visibles sur votre bureau et la barre des tâches.

Pour savoir comment nettoyer le bureau et masquer la barre des tâches sous Windows, voir page 81.

- **Vérifier la résolution pour les screencasts**. Avant de commencer, assurez-vous que la résolution est adaptée. Par exemple, sélectionnez une résolution 1080p pour garantir une bonne qualité vidéo tout en optimisant la fluidité.

Préparer sa webcam

Lorsque vous préparez votre webcam, voici quelques conseils pratiques pour obtenir une image de haute qualité.

Qualité de l'image et cadrage

- **Cadrage**. Assurez-vous que votre visage soit bien centré dans le cadre, avec suffisamment d'espace au-dessus de votre tête et non coupé au menton.
- **Positionner votre téléprompteur correctement**. Placez-le à hauteur des yeux, derrière votre écran, pour suivre votre script sans détourner votre regard.
- **Résolution**. Choisissez la résolution maximale offerte par votre webcam pour une image nette.

Arrière-plan et environnement

- **Arrière-plan solide**. Préférez un mur uni ou un fond vert si vous envisagez de supprimer l'arrière-plan à l'aide d'un logiciel.

CONSEIL DE L'EXPERT

Ne mettez pas un pull de la même couleur que votre fond.

- **Éliminer les distractions**. Retirez tout objet parasite ou encombrant dans le champ de vision pour éviter la présence de distracteurs. Un espace visuellement propre est plus professionnel.

Éclairage

- **Lumière frontale**. Positionnez une source lumineuse douce en face de vous pour illuminer votre visage sans créer de zones d'ombre.
- **Éviter les contre-jours**. Ne vous placez pas devant une fenêtre ou une source lumineuse intense qui pourrait assombrir votre visage.
- **Lumière d'appoint**. Utilisez des lumières supplémentaires pour équilibrer les ombres si nécessaire.

Test et ajustements

- **Court enregistrement**. Effectuez un essai rapide pour évaluer la qualité de l'image et vérifier que tout est correctement configuré. Observez les détails tels que le contraste, la luminosité et la netteté.
- **Réglages logiciels**. Si nécessaire, ajustez les paramètres de votre webcam dans l'application que vous utilisez (exposition, balance des blancs, etc.).

Une image de bonne qualité contribue à une expérience d'apprentissage agréable. Prenez le temps d'affiner votre cadre et votre éclairage.

Préparer son micro

Et maintenant passons à quelques conseils pour préparer votre micro.

- **Choisir une pièce calme**. Enregistrez dans un espace calme avec une bonne acoustique pour éviter les échos et les bruits extérieurs. Éloignez-vous des sources de bruit comme les ventilateurs, les fenêtres ouvertes...
- **Améliorer l'acoustique**. Utilisez des tapis, rideaux ou meubles pour réduire l'écho. Évitez les pièces trop vides.
- **Vérifier l'équipement**. Assurez-vous que le micro soit correctement branché et reconnu par votre ordinateur. Dans votre logiciel de screencasting, sélectionnez explicitement le micro externe si vous en utilisez un, plutôt que celui intégré à votre ordinateur.
- **Optimiser les paramètres logiciels**. Si nécessaire, ajustez les paramètres de votre micro dans l'application que vous utilisez.
- **Positionner le micro correctement**. Placez le micro à environ 15-20 cm de votre bouche. Une bonne gestion de la distance aide à réduire les plosives et à éviter une amplification excessive des basses fréquences. Cette distance peut être adaptée en fonction du type de voix et de l'acoustique de la pièce.
- **Tester la qualité audio**. Réalisez un court enregistrement pour vérifier la clarté du son et détecter d'éventuels bruits de fond indésirables. Écoutez votre enregistrement test avec un casque pour avoir une écoute plus fine ; le casque est idéal pour percevoir les détails sonores.

Un son médiocre risque de faire perdre l'intérêt de votre public, même si le contenu visuel est de qualité. Alors investissez du temps pour soigner l'audio.

CONSEIL DE L'EXPERT

Pendant l'enregistrement :

Maintenez une distance stable par rapport au micro.

Évitez les vibrations et les bruits parasites. Par exemple, ne touchez pas au micro, évitez les mouvements brusques sur la table et retirez les bijoux ou accessoires pouvant créer des sons indésirables.

2/ Enregistrement

Capturer son écran dans la résolution de la vidéo finale

Lorsque vous enregistrez votre écran pour un screencast, il est crucial de capturer directement dans la résolution de la vidéo finale. Cela garantit une qualité optimale et évite les problèmes liés à l'agrandissement de la vidéo.

Vous pouvez réduire la résolution d'un enregistrement pour alléger le poids du fichier final ou adapter la vidéo à des plateformes spécifiques, mais augmenter la résolution entraîne une perte de netteté. Par exemple, produire une vidéo en 720p à partir d'un enregistrement capturé en 1080p est faisable sans perte de qualité, mais l'inverse (créer une vidéo 1080p à partir d'un fichier 720p) entraînera une dégradation visible, avec des images floues ou pixelisées.

La résolution de 1080p (1920 x 1080 pixels), appelée Full HD, est la norme recommandée pour produire des vidéos de qualité professionnelle. Elle offre un bon équilibre entre netteté et compatibilité avec les écrans modernes, sans alourdir excessivement le fichier final.

La résolution 720p (1280 x 720 pixels), appelée HD est souvent suffisante pour des vidéos-tutoriels classiques. Elle convient particulièrement bien aux vidéos destinées aux plateformes en ligne où une résolution plus basse peut suffire.

Déterminer la zone à capturer

Avant de vous lancer dans l'enregistrement de votre screencast, il ne vous reste plus qu'à déterminer ce que vous allez capturer : la totalité de l'écran ou une partie seulement.

CONSEIL DE L'EXPERT

3 conseils avant de commencer l'enregistrement :

Adopter un ton naturel. Parlez de manière décontractée et fluide, comme si vous engagiez une conversation. Cela rendra votre vidéo plus agréable à suivre.

Préparer des silences avant et après votre prise de parole. Enregistrez quelques secondes de silence avant et après chaque phrase pour faciliter le montage en post-production.

Utiliser des mots-clés pour marquer les erreurs. Par exemple, dites "reprise" assez fort après une erreur, puis marquez une pause avant de reprendre. Cela facilitera la coupe en montage et assurera un résultat final propre. Le mot-clé créera un pic sur la bande audio, qui sera facilement repérable en phase de montage.

Exemple

Sur cet extrait d'enregistrement audio, le pic créé par le mot clé prononcé suffisamment fort et le silence qui suit sont clairement identifiables.

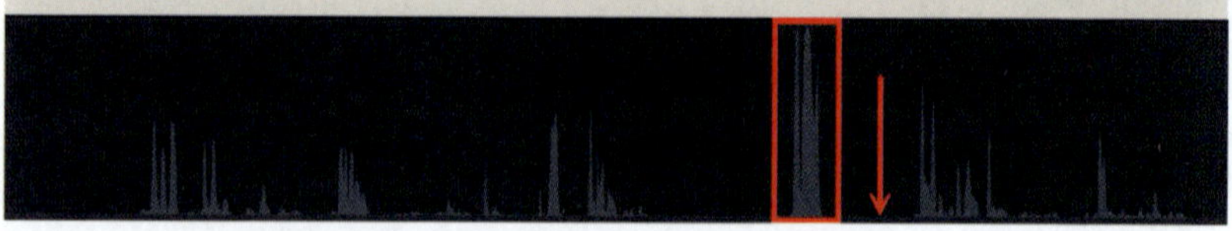

Extrait d'une bande audio zoomée dans l'éditeur de Camtasia

CONSEIL DE L'EXPERT

Si vous capturez également la webcam, il est important de rester dans la même position tout au long de l'enregistrement. Cela garantit qu'au moment d'une coupe, il n'y ait pas de différence de position du présentateur, ce qui pourrait perturber la fluidité de la vidéo et déconcerter votre public.

Et maintenant… "Silence on tourne !"

RESSOURCE

Téléchargez l'affiche
Ne pas déranger

3/ Enregistrement de l'écran et de la voix off simultanément

Vous avez deux options pour enregistrer l'écran, la voix off (avec la webcam), en fonction de vos préférences.

Vous pouvez choisir d'enregistrer des screencasts avec la voix off et sans la webcam du présentateur.

Cette première méthode permet de capturer tout à la fois en temps réel, ce qui rend l'enregistrement plus fluide et permet de mieux synchroniser votre voix et vos actions à l'écran. Elle est idéale si vous souhaitez une expérience plus dynamique et naturelle.

Avantages de l'enregistrement simultané

Régulation naturelle du débit de parole

Lorsque vous enregistrez votre voix off en même temps que vos actions à l'écran, le débit de parole se régule naturellement en fonction de vos manipulations à l'écran. Vous êtes contraint de parler plus lentement pour suivre les actions que vous réalisez en temps réel.

- **Rythme adapté**. Le fait de parler en fonction des actions à l'écran permet à votre public de mieux suivre le contenu. Par exemple, lorsqu'une manipulation à l'écran nécessite plus de temps, comme un clic ou une saisie de texte, votre voix s'ajuste naturellement.
- **Clarté et compréhension**. Cette approche aide à expliquer chaque étape de manière claire et détaillée, sans précipitation, ce qui facilite l'apprentissage. Votre public a ainsi le temps d'assimiler visuellement et auditivement les informations.

Réduction du travail en post-production

L'un des principaux avantages de l'enregistrement simultané est qu'il élimine la nécessité de synchroniser la voix off avec les actions à l'écran lors de la phase de montage. Si l'enregistrement de la voix off et de l'écran a été fait séparément, le processus de synchronisation peut être très long et fastidieux.

- **Pas de découpe complexe**. Lorsque vous enregistrez en simultané, il n'y a pas de besoin de couper et de coller la voix off pour qu'elle corresponde précisément aux actions montrées à l'écran. Cela simplifie considérablement le montage et réduit le risque d'erreurs ou de décalages entre l'image et l'audio.
- **Gain de temps**. L'élimination de cette tâche de synchronisation peut significativement réduire le temps de montage global. Vous passez moins de temps à peaufiner le calage de l'audio avec l'image.
- **Plus de fluidité**. Le processus d'enregistrement en simultané est plus fluide, car vous êtes constamment conscient du rythme de votre voix et des actions à l'écran. Cela se traduit par un enregistrement plus cohérent et harmonieux.

Enregistrement par courte séquence

Vous pouvez également envisager d'enregistrer par courte séquence, c'est-à-dire de découper le screencast en séquences (étapes), qui seront ensuite assemblées en phase de montage. Cette approche offre plusieurs avantages :

- **Facilité de montage**. En enregistrant par étapes, vous obtenez des séquences séparées qui peuvent être réorganisées, coupées ou modifiées plus facilement lors du montage. Cela permet aussi de réduire les erreurs dans une seule prise.
- **Réduction des risques techniques**. Si un problème survient durant l'enregistrement (comme un plantage de logiciel par exemple), vous ne perdez qu'une petite partie du travail, plutôt que l'intégralité du screencast.
- **Meilleure gestion du temps**. Vous pouvez ajuster chaque étape de manière plus contrôlée, ce qui permet de mieux gérer votre rythme de présentation et d'éviter de longues périodes d'enregistrement en continu qui peuvent être difficiles à gérer.

Lorsque vous enregistrez par courte séquence, il est important de maintenir des conditions d'enregistrement constantes, à savoir dans un même environnement avec la même configuration. Cela permet d'assurer une cohérence dans le rendu final.

De plus, il faut garder à l'esprit que la voix peut fluctuer d'un jour à l'autre, en fonction de l'humeur, de l'énergie, etc. ce qui peut affecter la fluidité du screencast si les séquences sont enregistrées dans des conditions différentes.

AVIS DE L'EXPERT

La méthode consistant à enregistrer l'écran et la voix off simultanément par courte séquence est particulièrement adaptée si vous débutez.

En enregistrant par courtes séquences, vous réduisez la pression de devoir tout réussir d'un coup. Cela permet de vous concentrer sur une étape à la fois, rendant le processus plus gérable et moins stressant.

Vous vous familiarisez progressivement avec les outils et les techniques de capture d'écran. En cas d'erreur, il vous suffit de reprendre une seule séquence, sans avoir à recommencer l'intégralité du screencast, ce qui facilite l'apprentissage et évite toute frustration.

CONSEIL DE L'EXPERT

Pensez à boire de l'eau entre les enregistrements des séquences. Évitez les boissons sucrées qui font trop saliver.

LE + DE L'EXPERT

Astuces pour réussir son screencast

Utilisez des raccourcis clavier pour rendre votre screencast plus fluide.

Certains logiciels de montage (comme par exemple Camtasia) peuvent afficher automatiquement à l'écran les raccourcis clavier utilisés lors de l'enregistrement du screencast. Cela améliore l'accessibilité et vous fait gagner du temps lors du montage, car vous n'avez pas besoin d'ajouter manuellement des annotations pour afficher les raccourcis clavier.

LE + DE L'EXPERT

Afin de structurer des vidéos-tutoriels comportant plusieurs plans, vous pouvez avoir recours à cette méthode d'enregistrement en plusieurs séquences.

Par exemple, commencez par enregistrer l'introduction avec la webcam plein écran (sans la capture de votre écran), puis enregistrez la conclusion avec la webcam toujours en plein écran, et enfin terminez par l'enregistrement du screencast (sans votre présence à l'écran).

La séquence de la conclusion reprend un plan visuel similaire à celui de l'introduction, créant ainsi une transition harmonieuse et une cohérence visuelle pour l'ensemble de la vidéo.

LE CAS FIL ROUGE

Visionnez une séquence d'enregistrement brut de mon screencast.

À VOUS DE JOUER !

C'est à vous d'enregistrer votre écran avec la voix off simultanément.

4/ Enregistrement de l'écran et de la voix off séparément

La deuxième méthode consiste à capturer l'écran, puis la voix off avec la webcam.

Désavantage des enregistrement séparés

Cette méthode présente certains inconvénients, principalement liés au travail d'édition supplémentaire qu'elle nécessite pour synchroniser la vidéo et l'audio. Le montage devient plus complexe et demande une attention particulière, ce qui peut rendre le processus chronophage.

Avantages des enregistrements séparés

Cela offre une plus grande flexibilité dans le processus de création, vous permettant d'ajuster et d'améliorer le contenu audio tout en maintenant la qualité visuelle intacte.

Possibilité de réenregistrer des sections

La possibilité de réenregistrer et de perfectionner chaque section de la narration sans avoir à refaire l'enregistrement de l'écran constitue également un atout majeur.

Possibilité d'utiliser une voix générée par l'IA

Vous pouvez également choisir d'utiliser une voix générée par l'IA. Cela représente un gain de temps significatif, car il suffit de soumettre le script à un outil d'IA et en quelques minutes, vous obtenez une narration, bien plus rapide que l'enregistrement manuel d'une voix humaine.

CONSEIL DE L'EXPERT

Si vous ne recourez pas à l'IA pour générer la voix off, je recommande vivement aux débutants d'utiliser la première méthode, à savoir procéder à un enregistrement simultané. En effet, le travail de synchronisation peut être laborieux, et il est possible que vous n'obteniez pas la qualité souhaitée lors de vos premières tentatives.

Quelle est la méthode préférée de l'expert ?

Je privilégie la méthode d'enregistrement simultané, car elle me pousse naturellement à ralentir mes gestes avec la souris et à modérer mon débit de parole. Cette synchronisation entre les manipulations et la parole m'aide à réguler le rythme de ma présentation de manière plus fluide et naturelle.

L'outil IA de l'expert

Lorsque j'ai recours à la génération de voix par IA, j'utilise Camtasia Audiate car il s'intègre parfaitement à mon outil de montage préféré, offre une bonne qualité sonore et propose un choix de langues et de voix qui répondent à mes besoins. Les voix sont personnalisables, ce qui me permet d'obtenir un rendu adapté à mes projets.

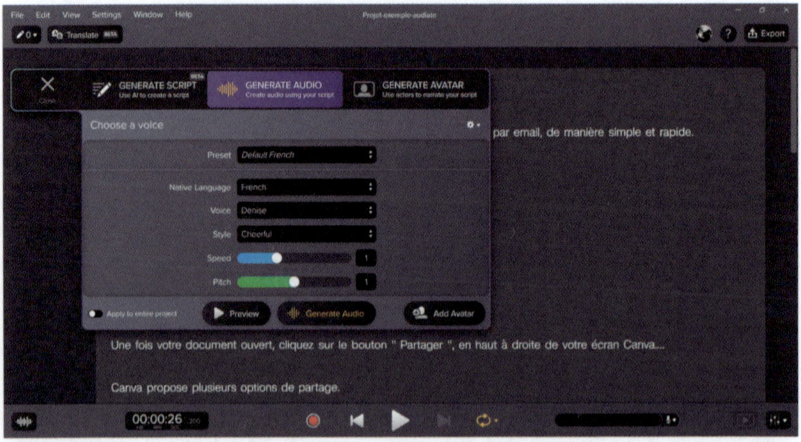

Audiate : Générateur de voix

POST-PRODUCTION DU SCREENCAST

La post-production est une étape cruciale pour transformer votre enregistrement brut en un screencast professionnel. Elle vous permet d'affiner votre contenu, d'améliorer la qualité audio et vidéo, et d'ajouter des éléments visuels pour une meilleure compréhension.

1/ Montage de base

Voici les différentes étapes à suivre pour procéder au montage de base :

Coupe et assemblage des clips

La première chose consiste à repérer et couper les passages inutiles ou superflus.

Cela inclut la suppression des moments de silence, des erreurs de prise ainsi que de toute section qui ne contribue pas directement à l'objectif de votre screencast.

Si votre logiciel de montage affiche la forme d'onde audio et que vous avez la possibilité de la zoomer, vous pourrez facilement identifier les moments de silence (ou pauses) en repérant les segments où la courbe est plate.

Extrait d'une bande audio zoomée dans l'éditeur Camtasia affichant les silences

Si en phase d'enregistrement vous avez fait une erreur, et vous avez suivi mes conseils, vous avez utilisé un mot-clé que vous avez prononcé assez fort pour créer un pic sur votre bande audio, de sorte à retrouver facilement les coupes à effectuer.

Piste audio sur la timeline de Camtasia avec le pic sélectionné

Si des hésitations apparaissent, coupez-les pour que l'ensemble soit plus dynamique et engageant.

CONSEIL DE L'EXPERT

Soyez vigilant lors des coupes pour éviter de désynchroniser la vidéo de l'audio. Lorsque vous coupez des passages, assurez-vous que l'audio reste bien en phase avec l'image. Une coupe mal effectuée peut entraîner un décalage entre la vidéo et l'audio, perturbant ainsi l'expérience du spectateur.

Évitez de couper des morceaux d'audio importants. Parfois, une coupe trop agressive peut entraîner la suppression accidentelle de mots de la bande audio. Pour éviter cela, travaillez avec précision et vérifiez toujours le contenu audio que vous allez couper.

Réévaluez votre enregistrement. Si votre enregistrement nécessite de trop nombreuses coupes au montage, il peut être judicieux de le refaire pour obtenir un résultat plus fluide et naturel, et réduire le temps de post-production.

Si besoin, assemblez les différentes parties de votre vidéo dans un ordre logique qui aide à guider votre public à travers les informations de manière fluide et structurée.

Marqueurs d'attention

Les marqueurs d'attention dans un screencast sont des éléments visuels ou sonores destinés à guider l'attention du public et à renforcer la compréhension des informations présentées.

Voici les principaux types de marqueurs à intégrer à votre screencast à ce stade : mise en évidence du curseur, annotations et zoom ciblé.

Mise en évidence du curseur de la souris

Le curseur de la souris est souvent difficile à distinguer, ce qui complique le suivi des actions.

Selon les outils que vous utilisez, vous pouvez configurer les options du curseur soit avant l'enregistrement de l'écran, par exemple en ajoutant une surbrillance (zone lumineuse) autour du curseur, en modifiant sa couleur et celles des clics de souris, soit lors de la phase de montage.

Si votre outil le permet, commencez par augmenter la taille du curseur, puis personnalisez-le, par exemple en modifiant sa couleur pour obtenir un contraste marqué, en ajoutant une ombre ou d'autres effets, afin de le rendre parfaitement visible.

Exemple

Sur cet enregistrement d'écran, il est difficile de distinguer le curseur de la souris.

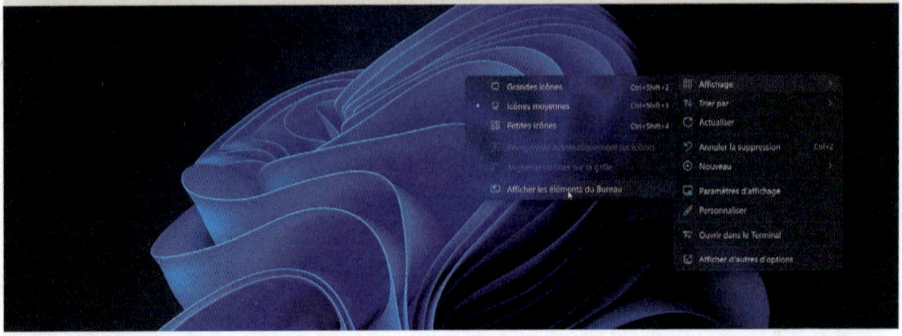

Le curseur est à peine visible dans l'enregistrement original

En augmentant la taille du curseur, en modifiant sa couleur et en ajoutant des effets comme de la brillance et une ombre, le curseur devient facile à suivre.

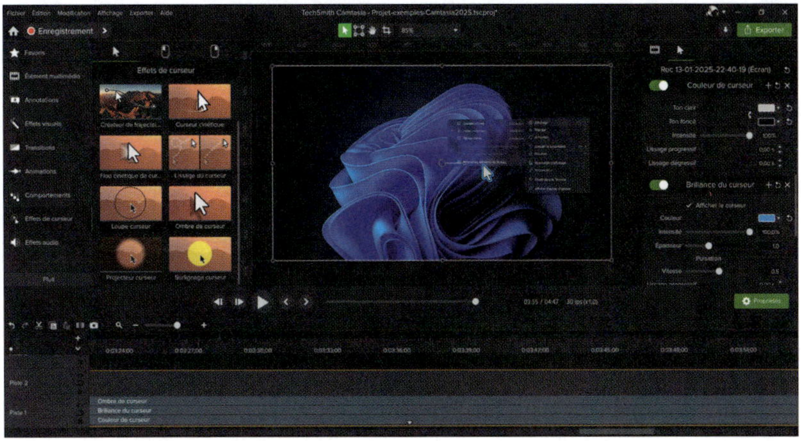

Édition du curseur dans Camtasia 2025

Certains outils offrent la possibilité d'ajouter des effets sonores aux clics de souris pour signaler une action.

De plus, malgré un entraînement préalable à l'utilisation de la souris, les mouvements du curseur peuvent parfois apparaître saccadés, ce qui affecte la fluidité de la vidéo. Si votre logiciel de montage dispose d'une option pour lisser la trajectoire du curseur, il est recommandé d'appliquer cet effet à cette étape.

Annotations

Les annotations incluent divers éléments visuels, tels que des légendes, des flèches, des formes et des encadrés. Elles sont particulièrement utiles pour mettre en évidence les points essentiels d'un screencast.

> **Exemple**
>
> Dans cet exemple, l'écran est agrémenté de deux annotations : une légende précisant l'étape de la procédure et un encadré rouge qui se dessine autour du menu à cliquer.

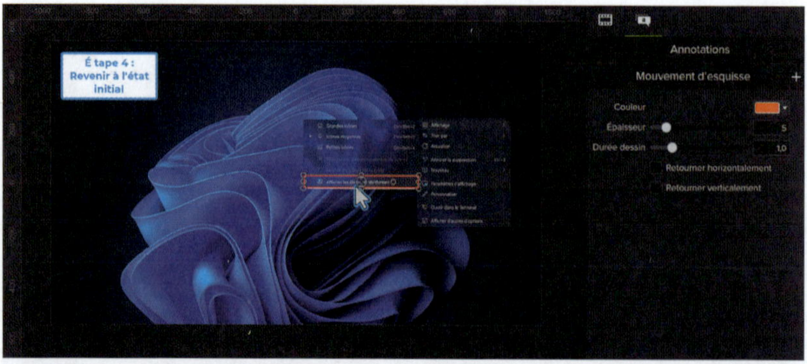

Ajout d'annotations dans Camtasia 2025

Dans cet exemple, vous remarquerez également que le curseur de la souris est positionné au-dessus de l'encadré rouge. C'est une spécificité de Camtasia 2025 que de pouvoir positionner le curseur au-dessus des annotations (paramètre Élévation), améliorant ainsi l'esthétique et la clarté du contenu.

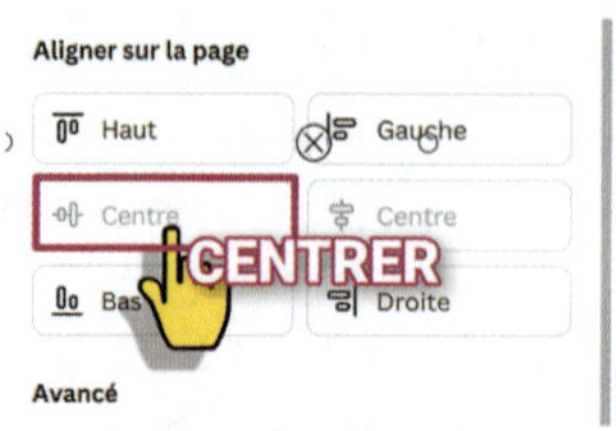

Élévation du curseur : Position par défaut. Les annotations et effets se trouvent sous le curseur.

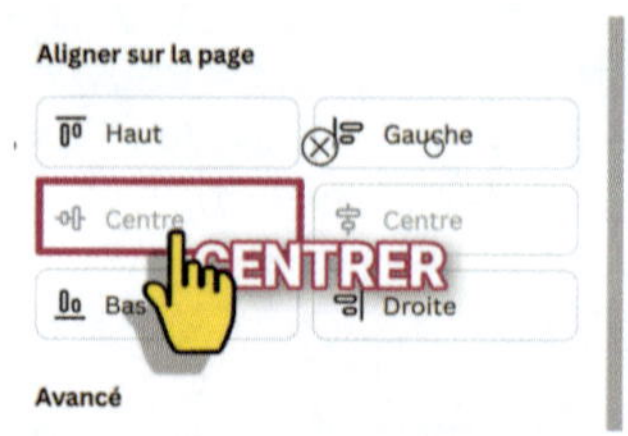

Élévation du curseur : Toujours au-dessus. Les annotations et effets se trouvent au-dessus du curseur.

Lorsque cela s'avère nécessaire pour clarifier une action ou fournir des informations complémentaires, ajoutez des légendes explicatives.

CONSEIL DE L'EXPERT

Veillez à introduire les annotations avec des transitions fluides ou de manière progressive pour guider le regard.

Utilisez des couleurs contrastées qui se détachent bien de l'arrière-plan pour assurer une visibilité optimale.

Maintenez une cohérence dans le choix des couleurs tout au long de la vidéo afin de renforcer la clarté et l'uniformité de votre contenu.

Certains logiciels proposent des annotations de type flou, idéales pour dissimuler des informations sensibles telles que des noms, des adresses email, ou d'autres éléments susceptibles de distraire votre public. Si votre logiciel ne propose pas ce type d'annotation, vous pouvez utiliser une forme comme un rectangle pour masquer ces éléments.

Si votre screencast contient des données confidentielles ou des éléments qui pourraient détourner l'attention, n'hésitez pas à les masquer.

Exemple

Dans cet exemple, j'ai un champ qui comporte une adresse email, qui peut être une information sensible s'il ne s'agit pas d'un email de test :

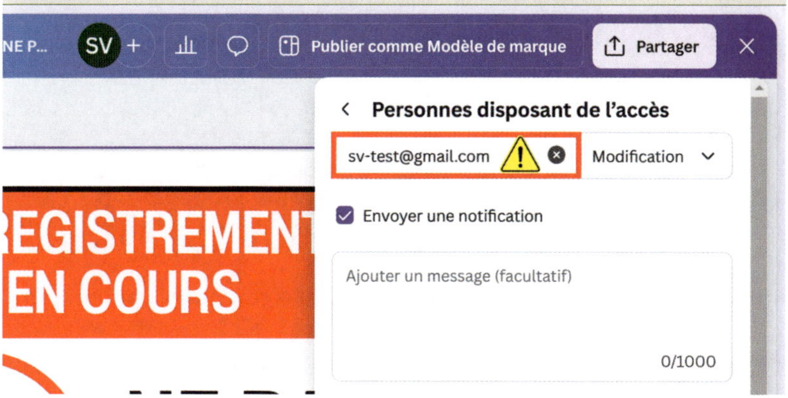

Écran avec une information sensible

L'information sensible n'est plus visible. Une annotation de type Pixellisation a été ajoutée pour masquer cette information.

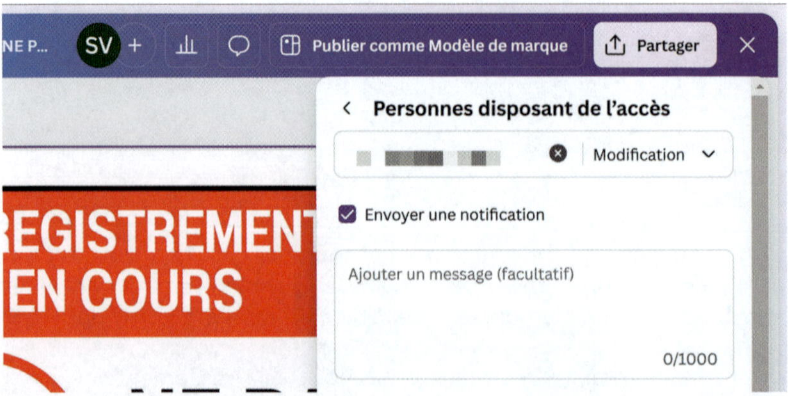

Écran avec l'information sensible floutée

CONSEIL DE L'EXPERT

Effectuez systématiquement une vérification approfondie pour vous assurer qu'aucun élément ne risque de perturber l'expérience utilisateur et pour garantir la protection maximale des données sensibles, en totale conformité avec le Règlement Général sur la Protection des Données (RGPD).

Zooms ciblés

Les zooms ciblés servent à attirer l'attention du public sur une zone spécifique de l'écran, en agrandissant temporairement cette partie pour en améliorer la visibilité. Ils sont particulièrement utiles dans les screencasts pour :

- **Mettre en évidence un détail important** : comme un bouton, une icône, un menu ou une section de texte.
- **Clarifier une action** : pour montrer précisément où cliquer ou quelle option sélectionner.
- **Améliorer la compréhension** : en rendant lisible un contenu trop petit ou dense.
- **Guider le public** : en focalisant son attention sur une étape clé du processus.

Exemple

Dans cet exemple, les explications concernent le menu déroulant *Partager* qui se situe à droite de l'écran :

Screencast sans zoom ciblé

En ajoutant un zoom ciblé sur le screencast, l'attention du public est focalisée sur le menu déroulant de droite :

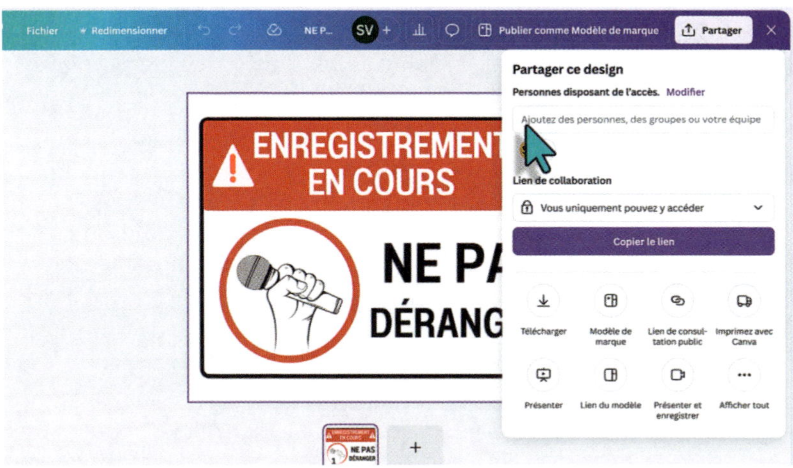

Screencast avec zoom ciblé

À RETENIR

Le zoom ciblé est idéal pour rendre les vidéos plus faciles à suivre, en aidant le public à se concentrer sur les éléments essentiels.

CONSEIL DE L'EXPERT

Utilisez le zoom ciblé avec modération pour garantir une vidéo fluide et agréable à regarder.

Un excès de zoom in (zoom avant) et zoom out (zoom arrière) peut non seulement détourner l'attention, mais aussi causer un inconfort visuel. Ces mouvements fréquents ou brusques nuisent à la fluidité de la vidéo et à l'expérience visuelle.

POUR ALLER PLUS LOIN

Découvrez en vidéo les marqueurs d'attention, ces outils essentiels pour dynamiser vos vidéos-tutoriels et maintenir l'engagement de votre public.

Transitions

Les transitions sont essentielles pour maintenir un bon rythme tout au long de la vidéo. L'ajout de transitions fluides entre les différents clips améliore non seulement la cohérence visuelle, mais aussi le confort de visionnage.

Ces transitions doivent être choisies avec soin : trop de transitions complexes peuvent distraire, tandis qu'une utilisation mesurée crée une sensation de continuité.

Par exemple, optez pour deux types de transitions : un fondu discret pour des transitions subtiles presque imperceptibles entre les séquences (clips), et une transition plus prononcée pour marquer clairement les changements d'étapes (de sections).

Cette combinaison permet de maintenir l'intérêt tout en structurant efficacement le rythme de votre screencast.

Amélioration de la qualité audio

Synchroniser l'audio et la vidéo

Le son doit correspondre exactement aux actions (ou au sous-titrage) visibles à l'écran, et avec la webcam. Assurez-vous que l'audio est parfaitement synchronisé avec la vidéo de l'écran et la webcam.

Réduire le bruit de fond

Les outils de réduction du bruit intégrés aux logiciels de montage permettent d'éliminer les sons indésirables (comme la ventilation, les échos ou autres bruits de fond), ce qui améliore la clarté de l'audio et offre un son plus net et professionnel.

Ajouter une musique de fond

Vous pouvez envisager d'ajouter une musique de fond pour enrichir votre screencast, en rendant l'expérience plus agréable et captivante pour votre public.

Pour les screencasts dépourvus de voix off, la musique insuffle de l'énergie et du rythme au contenu, en étant utilisée à un volume constant tout au long du projet.

Si une voix off accompagne le screencast, il est important d'ajuster le volume de la musique pour qu'elle ne perturbe pas la narration. Il est recommandé de réduire le volume de la musique pendant les passages parlés, afin qu'elle reste un accompagnement discret. En revanche, elle pourra être plus présente lors du générique d'introduction ou de conclusion.

Ajuster le volume

Il est essentiel d'ajuster les niveaux sonores de la voix et des autres éléments audio afin d'obtenir un équilibre optimal, de manière à ce que la voix off ne soit pas masquée par la musique de fond, par exemple. Veillez à ce que le volume ne soit ni trop faible ni trop élevé, afin de garantir une écoute claire.

CONSEIL DE L'EXPERT

Choisissez une musique en accord avec le sujet et le public cible pour donner le ton voulu à votre contenu.

Assurez-vous d'utiliser des musiques libres de droits ou sous licence. L'utilisation de musique protégée par des droits d'auteur sans autorisation peut entraîner des complications juridiques.

À VOUS DE JOUER !

C'est à vous de procéder à l'édition de base de votre enregistrement.

2/ Montage avancé

Voici quelques recommandations pour rendre votre screencast encore plus professionnel :

Curseur et trajectoire de la souris

Dans la section dédiée au montage de base, vous avez probablement déjà apporté quelques ajustements au curseur et à sa trajectoire.

Certains logiciels de montage, comme Camtasia, offrent des possibilités avancées pour peaufiner la souris.

Par exemple, le curseur peut être personnalisé selon vos préférences, avec des options pour augmenter sa taille, ajouter une ombre, ou même modifier sa couleur et son style. Ces ajustements contribuent à rendre les actions à l'écran plus visibles et à faciliter le suivi.

Parfois, le curseur peut masquer partiellement le libellé d'un menu ou d'un bouton. Il est possible d'ajuster sa position en déplaçant un ou quelques points de sa trajectoire. Vous pouvez même choisir de retravailler des trajectoires complètes, voire d'en créer de nouvelles.

Exemple

Dans cet exemple, le libellé du bouton *Partager* en haut à droite de l'écran est partiellement masqué par le curseur de la souris.

Curseur qui masque le libellé du bouton "Partager"

En déplaçant juste un point de la trajectoire du curseur dans Camtasia, le libellé du bouton *Partager* devient parfaitement lisible :

Édition de la trajectoire du curseur dans Camtasia 2025

Curseur qui ne masque plus le libellé du bouton "Partager"

La qualité d'un screencast se mesure souvent aux détails. La visibilité parfaite des libellés de menus, rendue possible par un simple ajustement du curseur, en est un exemple clé.

POUR ALLER PLUS LOIN

Découvrez en vidéo comment améliorer le curseur et la trajectoire de la souris avec Camtasia.

Affichage du présentateur

À ce stade du montage, vous pouvez vouloir peaufiner l'apparence et l'intégration du présentateur dans votre screencast. Voici quelques suggestions :

- Commencez par ajuster la position du présentateur pour qu'il s'intègre mieux à l'ensemble.

- Modifiez sa taille et sa forme.
- Appliquez éventuellement une couleur LUT (Look-Up Table). Cela permet de personnaliser l'apparence de la vidéo en ajustant la balance des couleurs, créant ainsi une ambiance donnée.
- Supprimez l'arrière-plan du présentateur si vous souhaitez une expérience visuelle plus immersive.
- Et pourquoi ne pas faire disparaître le présentateur à certains moments précis ? Sa présence à l'écran n'est pas toujours indispensable et elle peut même parfois distraire. Cela permet alors de focaliser pleinement l'attention sur les actions visibles à l'écran.

Ces ajustements permettent de rendre votre screencast plus fluide et agréable, tout en améliorant l'expérience utilisateur.

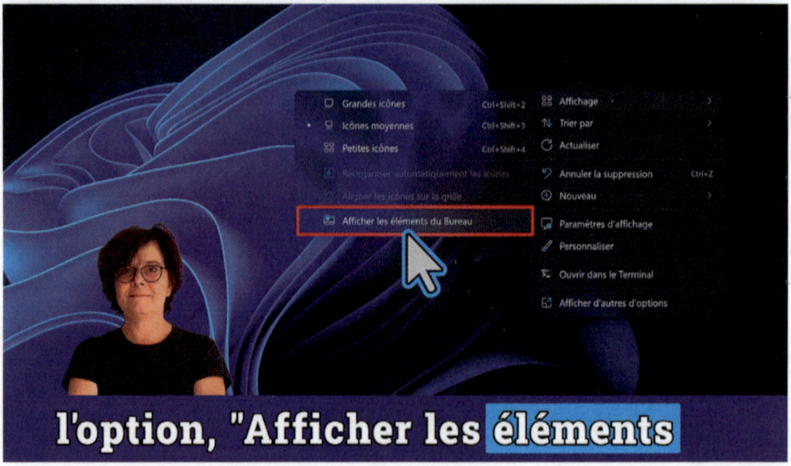

Screencast avec le présentateur incrusté

Sous-titres

Votre screencast intègre une voix off et vous voulez le rendre accessible. Il vous faut donc sous-titrer votre screencast.

Sous-titres fermés vs Sous-titres ouverts

Les sous-titres peuvent être fermés (*Closed Captions*) ou ouverts (*Open Captions*).

Caractéristiques	Sous-titres fermés	Sous-titres ouverts
Intégration	Intégrés dans un fichier séparé	Intégrés directement dans la vidéo
Visibilité	Activables/Désactivables par le spectateur	Toujours visibles (aucun contrôle par le spectateur)
Apparence	Personnalisation limitée	Personnalisation : police, taille, couleur, position, etc.
Compatibilité	Nécessite un lecteur compatible	Universelle (fonctionnent sur tous les lecteurs car ils sont gravés dans la vidéo)
Accessibilité	Essentiels pour l'accessibilité	Moins flexibles pour l'accessibilité

Format SRT

Le format SRT (SubRip Subtitle) est un format de fichier texte standard qui permet d'ajouter des sous-titres à la vidéo. C'est l'un des formats de fichiers les plus utilisés pour les sous-titres.

Les fichiers SRT contiennent le texte à afficher et les horodatages précis qui indiquent quand chaque sous-titre doit apparaître et disparaître à l'écran. Ces fichiers peuvent être créés manuellement ou automatiquement.

Le format SRT est couramment utilisé pour les sous-titres fermés. Les lecteurs compatibles permettent aux utilisateurs d'activer ou de désactiver l'affichage des sous-titres SRT.

Fichier SRT

Le fichier SRT doit respecter le format suivant :

Numéro du sous-titre

Timing d'affichage du sous-titre (temps de départ --> temps de fin) au format : 00:00:00,000

Texte du sous-titre (jusqu'à deux lignes) [ligne vide]

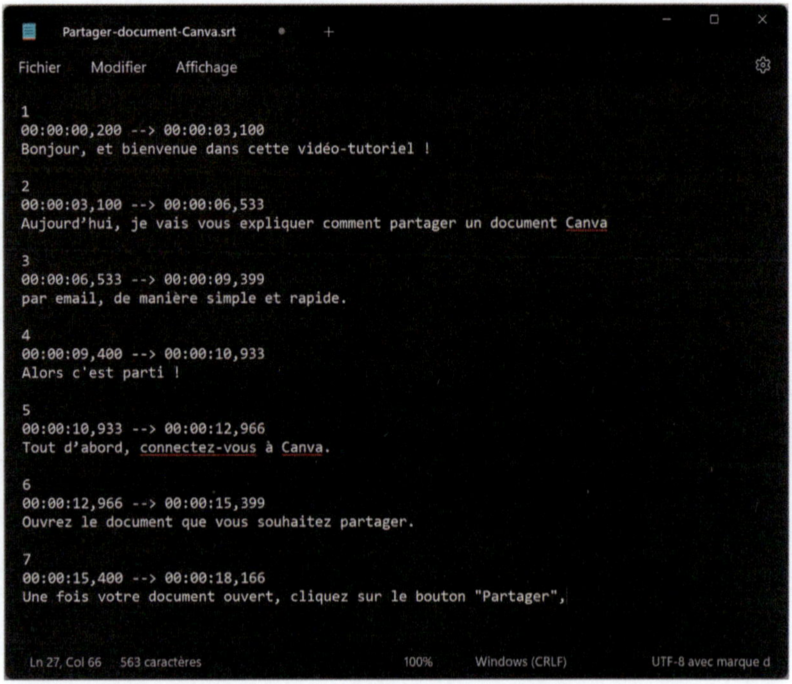

Exemple de fichier SRT

Selon le logiciel que vous utilisez, vous avez différentes options pour ajouter des sous-titres à votre screencast. Chacune offre un niveau de personnalisation et d'interactivité différent.

Sous-titres dynamiques

Les sous-titres dynamiques se distinguent par leurs fonctionnalités visuelles avancées : animations, couleurs et surlignages. Ils mettent en évidence les mots prononcés, améliorant la clarté et l'engagement. Leur popularité croissante sur les réseaux sociaux témoigne de leur efficacité à captiver l'attention du public.

Les sous-titres dynamiques sont souvent gérés directement dans le logiciel de montage vidéo, ce qui permet une personnalisation plus avancée. Vous pouvez ajuster le timing et le texte des sous-titres, mais aussi leur apparence (taille, couleur, police, nombre de lignes, position à l'écran).

Exemple de sous-titres dynamiques dans l'éditeur de Camtasia 2025

CONSEIL DE L'EXPERT

Voici des éléments clés à prendre en compte lors de la création de sous-titres :

1. Fidélité au contenu audio

Précision : Les sous-titres doivent refléter fidèlement les dialogues.

Synchronisation : Ils doivent apparaître et disparaître en parfaite synchronisation avec l'audio.

Descriptions sonores : Ils doivent transmettre l'intégralité des informations auditives afin que l'expérience soit la même avec ou sans le son.

- Inclure les sons non verbaux pertinents entre crochets. Par exemple : [sonnerie] [musique triste].
- Identifier les locuteurs quand il y en a plusieurs en indiquant leurs noms entre parenthèses avant la restitution du dialogue. Par exemple : (Sandrine)

2. Lisibilité optimale

Police de caractères : Utiliser une police sans serif claire et lisible. Par exemple : Arial, Calibri, Open Sans, Verdana.

Contraste des couleurs : Assurer un contraste entre le texte et l'arrière-plan pour une lecture facile.

Capitalisation et ponctuation : Respecter les règles de capitalisation (majuscules en début de phrase) et de ponctuation.

3. Présentation à l'écran

Positionnement : Éviter de masquer les éléments visuels importants de la vidéo.

Longueur des lignes : Limiter les sous-titres à deux lignes maximum pour une lecture confortable.

Durée d'affichage : Veiller à ce que les sous-titres restent suffisamment longtemps à l'écran pour permettre une lecture complète.

Générique

Votre screencast est parfait ou... presque !! Il ne vous reste plus qu'à intégrer un générique de début et de fin.

Intro

Commencez par une intro concise qui présente clairement le sujet de votre screencast. Pour capter l'attention, vous pouvez intégrer une accroche percutante, une question intrigante ou une affirmation surprenante, afin de piquer la curiosité de votre public.

Personnalisez cette intro en ajoutant des éléments distinctifs, tels qu'un logo ou une animation de marque. Cela permettra à votre public de reconnaître immédiatement l'auteur ou le projet, tout en renforçant votre identité de marque. Cette approche donne également un aspect plus professionnel à votre contenu.

Pour accentuer l'impact de l'intro, n'hésitez pas à intégrer des éléments visuels comme des animations ou des graphiques, qui rendront l'ouverture encore plus dynamique.

Les éléments à inclure dans l'intro :

- Titre
- Sous-titre
- Objectif du screencast (la promesse du contenu)
- Auteur

Outro

Terminez votre screencast par une conclusion forte qui résume l'essentiel du contenu.

N'oubliez pas d'ajouter un appel à l'action clair et motivant. (voir page 58 : L'appel à action).

Personnalisez l'outro avec votre logo ou animation de marque comme vous l'avez fait pour l'intro.

Une outro bien structurée, combinant synthèse, appel à l'action, collaboration et crédits, apportera une touche professionnelle et marquante à votre vidéo. Elle laissera une impression durable sur votre public.

Les éléments à inclure dans l'outro :

- Synthèse
- Appel à action
- Collaboration (en partenariat avec...)
- Crédits de musiques et visuels
- Sources
- Date

À RETENIR

Veillez à ce que l'intro et l'outro soient visuellement harmonieux.

Votre façon de travailler influe sur le temps que vous consacrez au montage de votre screencast.

Un projet vidéo peut rapidement compter des dizaines de pistes. Il est donc essentiel de les nommer clairement pour retrouver facilement les éléments à modifier.

Quand votre logiciel de montage le permet, pensez à grouper les éléments une fois que vous avez terminé de travailler sur un bloc d'éléments, et nommez-les avec des noms parlants. Cela vous évitera des mauvaises manipulations, comme un déplacement par inadvertance d'éléments, ce qui aurait pour conséquence de désynchroniser des éléments entre eux. De plus, avec certains outils vous pouvez appliquer des effets à un groupe entier, plutôt que de les appliquer individuellement à chaque élément. Les groupes présentent également l'avantage de réduire le nombre de pistes sur la timeline.

Avant de clore ce chapitre sur le montage vidéo, il convient de mettre en lumière les principales caractéristiques du contenu visuel, identifiées comme essentielles selon l'étude menée par TechSmith. Ces informations pourront vous orienter dans vos choix.

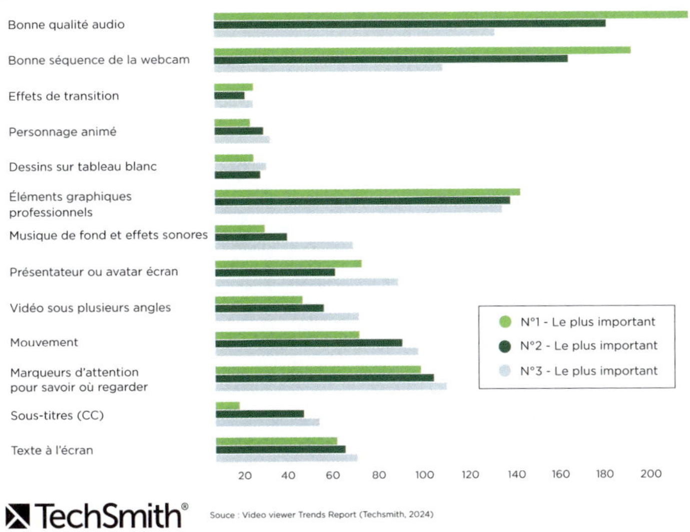

Caractéristiques les plus importantes de contenu visuel

En conclusion, prendre le temps de peaufiner votre screencast lors du montage est crucial pour améliorer sa qualité globale. En ajoutant des éléments visuels pertinents, vous captez mieux l'attention de votre public et maintenez son engagement tout au long de la vidéo. De plus, en optimisant la qualité visuelle et sonore, vous offrez une expérience plus agréable et professionnelle, ce qui renforce la crédibilité de votre contenu et favorise sa mémorisation.

Cependant, il est important de rappeler que tous les screencasts ne nécessitent pas un même niveau de sophistication. Selon son objectif et le public visé, un screencast plus simple et direct peut suffire. Parfois, un contenu plus épuré, avec moins d'effets visuels et sonores, peut être tout aussi efficace, voire plus adapté. L'essentiel est d'aligner le montage et les choix techniques avec l'objectif de votre projet et les attentes de votre public. La simplicité peut être un atout, notamment si elle permet de mettre en avant le message sans distraction.

LE CAS FIL ROUGE

Découvrez mon screencast finalisé et constatez par vous-même l'amélioration entre l'enregistrement brut et le résultat final. Le montage offre une expérience fluide et professionnelle avec une introduction, une conclusion et un appel à action.

À VOUS DE JOUER !

C'est à vous de peaufiner votre screencast.

Vous pouvez encore vouloir améliorer la visibilité du curseur, ajuster la position du présentateur, ajouter les sous-titres, etc.

Créez le générique de votre screencast avec votre appel à action.

EXPORT ET DIFFUSION

Visionnez plusieurs fois votre screencast pour vous assurer que tout est bien synchronisé, qu'il ne contient aucune faute d'orthographe ni anomalie et qu'il reste fluide.

Vous êtes maintenant prêt pour l'étape finale !

Vous allez à présent exporter votre screencast, soit dans un format vidéo adapté à la diffusion sur votre canal de publication (plateforme vidéo, site web, LMS, etc.), soit directement vers votre plateforme vidéo si elle est prise en charge par votre logiciel.

Export vidéo

Votre logiciel va vous proposer plusieurs options de format, dont le MP4.

Le MP4 (ou MPEG-4 Part 14) est l'un des formats vidéo les plus populaires et est le format le plus universel. Conçu pour offrir une compression efficace tout en préservant une bonne qualité, il permet d'obtenir des fichiers de taille réduite pour la diffusion de vidéos en ligne. Ce format prend en charge une large gamme de codecs et est compatible avec de nombreux appareils et plateformes.

CONSEIL DE L'EXPERT

Lorsque vous exportez votre screencast, assurez-vous de régler les paramètres de qualité pour préserver la clarté de l'image et du son.

Avant d'exporter, vérifiez les spécifications techniques de la plateforme de diffusion, comme les résolutions et les codecs requis pour votre vidéo.

Si vous travaillez avec des vidéos de grande taille, pensez à compresser le fichier sans trop perdre en qualité. La compression peut réduire la taille du fichier, facilitant ainsi le téléchargement et le partage sur des plateformes en ligne.

Avant de publier votre screencast, visionnez-le une dernière fois et demandez à une autre personne de le vérifier.

Export vers une plateforme vidéo

Certains logiciels permettent d'exporter directement vers des plateformes vidéo, comme YouTube par exemple, sans nécessiter la création d'un fichier vidéo préalable.

Avant l'exportation, vous ajouterez des métadonnées comme le titre, la description ou des tags à votre vidéo. Cela améliore son référencement et sa visibilité sur la plateforme.

En résumé, en choisissant le bon format et en ajustant les paramètres d'exportation, vous garantissez une diffusion optimale de votre screencast, tout en assurant une bonne qualité et une compatibilité avec les plateformes choisies.

À VOUS DE JOUER !

Vous avez bien vérifié votre screencast ?

Maintenant exportez-le au format MP4.

QUELQUES CONSEILS SUPPLÉMENTAIRES

Votre projet est terminé. Félicitations !

Voici quelques recommandations qui peuvent sembler évidentes, mais qu'il est toujours important de rappeler.

Sauvegardez non seulement votre fichier projet, mais aussi l'enregistrement initial ainsi que tous les éléments multimédias utilisés, tels que les images, les vidéos et les fichiers audio. Cela vous permettra de revenir sur votre travail à tout moment et de procéder à des retouches ou des ajustements si des modifications sont à apporter à l'application capturée ou si vous souhaitez affiner certains aspects de votre screencast. En conservant ces fichiers, vous vous assurez d'avoir tous les éléments nécessaires pour effectuer des mises à jour sans avoir à repartir de zéro.

Conservez également votre script et votre storyboard. Ces documents sont des ressources précieuses qui permettent de suivre la structure de votre vidéo et de garantir que le contenu reste fidèle à vos intentions initiales. Ils vous serviront aussi de référence si vous devez refaire une partie de la vidéo ou ajuster le contenu en fonction de nouveaux besoins ou de feedbacks.

Centralisez tous ces éléments dans un dossier projet spécifique. Cela facilitera non seulement la gestion de votre travail, mais aussi la collaboration avec d'autres membres de votre équipe si nécessaire.

Il est à noter que certains logiciels comme Camtasia offrent une fonctionnalité intégrée permettant de sauvegarder toutes les ressources multimédias utilisées directement dans le fichier projet. Cette option est particulièrement utile pour éviter de perdre des éléments importants et garantir que toutes les ressources nécessaires sont disponibles lorsque vous devez rouvrir ou mettre à jour votre projet. Vérifiez si le logiciel que vous utilisez enregistre toutes les ressources multimédias dans ses fichiers projets.

Adoptez dès maintenant de bonnes pratiques ! Ainsi, vous optimisez la maintenabilité de vos projets vidéo. Vous pourrez les adapter et les faire évoluer en toute simplicité.

Booster sa productivité

CRÉER DES RESSOURCES RÉUTILISABLES

En créant des ressources réutilisables, vous pouvez considérablement améliorer votre productivité.

Ces éléments, comme des palettes de couleurs, des modèles de vidéos, des intros, des outros, des éléments graphiques, etc., vous permettent de gagner du temps en évitant de repartir de zéro à chaque nouveau projet. Vous pouvez ainsi réutiliser ces ressources à chaque fois que nécessaire, ce qui simplifie le processus de production et accélère l'édition de vos screencasts. Cette approche vous offre non seulement plus d'efficacité, mais aussi une meilleure cohérence dans la production de vos vidéos, tout en vous libérant des tâches répétitives.

Vous devrez vérifier les options de création de ressources réutilisables disponibles dans le logiciel que vous avez choisi.

Palettes de couleurs

La possibilité de créer une palette de couleurs ou un thème est un atout important pour la production de vidéos.

Un thème reprend les couleurs de votre charte graphique et il peut même inclure les polices de caractère et le logo, garantissant une cohérence avec votre identité de marque.

L'utilisation d'un thème permet d'harmoniser les éléments visuels tout au long de votre screencast, ce qui améliore l'impact global de votre contenu. De plus, une palette préétablie facilite le travail de création en éliminant la nécessité de choisir manuellement les couleurs et les polices à chaque étape. Cela accélère considérablement le processus de montage.

Exemple de palettes de couleurs

Modèle de projets vidéos

La possibilité de créer des modèles de vidéos est une fonctionnalité extrêmement utile, notamment pour les projets impliquant une série de vidéos ou lorsque vous souhaitez maintenir une cohérence graphique à travers plusieurs contenus.

Un modèle de vidéo permet de définir une structure de projet vidéo, qui pourra être utilisée à chaque nouveau projet. Cela garantit que chaque vidéo de la série respecte les mêmes standards visuels.

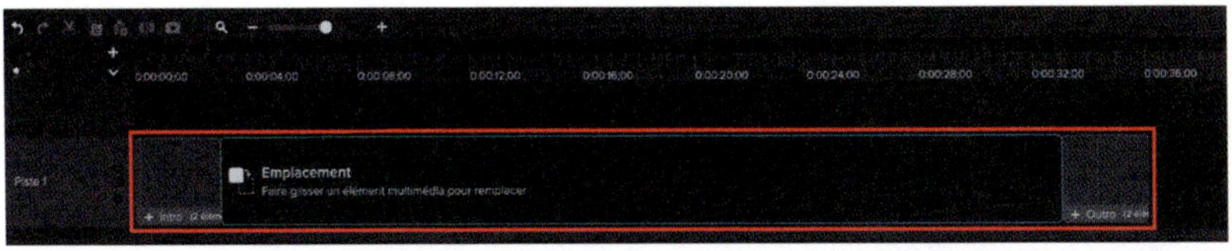

Exemple de structure simple : intro + un emplacement réservé au screencast + outro

En utilisant un modèle, l'utilisateur n'a plus qu'à renseigner les champs éditables de l'intro et de l'outro, comme par exemple le titre, le sous-titre, l'objectif, le nom de l'auteur... Il ajoute son enregistrement d'écran à l'emplacement prévu à cet effet et l'essentiel de son travail se concentre sur l'édition de son enregistrement.

Cette fonctionnalité est idéale pour les équipes qui travaillent ensemble sur des projets vidéo. Chaque membre de l'équipe peut utiliser la même base.

En résumé, la création de modèles de vidéos est un excellent moyen d'optimiser vos processus, d'assurer la cohérence de vos projets et de maximiser votre efficacité.

Bibliothèques

La capacité à personnaliser des éléments graphiques existants (intros, outros, graphiques animés, etc.) et à les conserver dans des bibliothèques permet de réduire considérablement le temps de production et d'améliorer la qualité des ressources en s'appuyant sur une base déjà conçue.

La création de bibliothèques utilisateurs améliore le workflow et facilite la collaboration entre les membres d'une équipe.

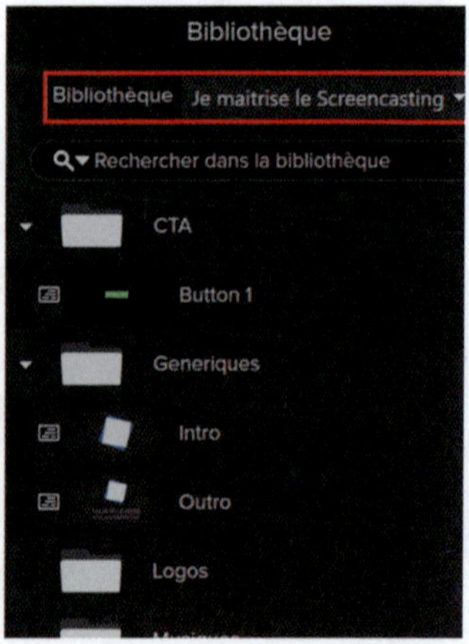

Exemple de bibliothèque Camtasia, qui regroupe les éléments réutilisables pour la création des ressources augmentées de ce livre

Les bibliothèques utilisateur permettent de :

- Ranger tous vos éléments créatifs (intros, outros, graphiques, etc.) au même endroit pour les retrouver facilement.
- Gagner du temps en utilisant ces éléments dans différents projets, sans avoir à tout recréer.
- Créer des vidéos plus cohérentes en utilisant toujours les mêmes styles et les mêmes éléments visuels.
- Collaborer facilement en partageant vos bibliothèques avec vos collègues.

LE + DE L'EXPERT

La production de mes séries de vidéos-tutoriels suit un processus précis :

- Définition de la charte graphique
- Création d'un modèle vidéo avec intro, outro et musique
- Mise en bibliothèque des éléments graphiques créés
- Enregistrement du screencast
- Utilisation du modèle
- Montage des screencasts

Cette méthode me permet d'optimiser mon workflow et de garantir une qualité visuelle constante.

PRODUIRE UN SCREENCAST À PARTIR DE SCREENSHOTS

Et si je vous disais qu'il existe une autre méthode pour créer des screencasts vidéos basées sur des screenshots (captures d'écran fixes) ?

Explorons cette méthode. Chaque étape ou action est représentée par une capture d'écran (fichier image PNG ou JPG), à laquelle est associé un fichier audio correspondant.

Ces captures d'écran sont ensuite assemblées dans un logiciel de montage vidéo. La durée de chaque capture est synchronisée avec la durée du fichier audio associé.

Tout comme pour un screencast traditionnel, vous pouvez ajouter des annotations, des zooms et d'autres éléments interactifs pour rendre la présentation dynamique et compréhensible.

Pourquoi créer un screencast à partir de captures d'écran ?

Utiliser des captures d'écran pour créer un screencast présente plusieurs avantages :

Simplification de la maintenabilité. Les modifications sont plus faciles à apporter. Imaginons qu'un écran du screencast soit à changer demain suite à une mise à jour du logiciel que vous présentez. Pas de souci ! Il vous suffit de capturer le nouvel écran, de remplacer le fichier image dans le projet, d'enregistrer ou de générer la nouvelle voix off associée, puis de générer à nouveau la vidéo au format MP4. Pas besoin de réenregistrer l'intégralité du screencast !

Augmentation de la productivité. Le processus de création est plus rapide, car vous n'avez pas besoin de tout enregistrer en temps réel. Vous pouvez capturer chaque étape à votre rythme et l'assembler facilement.

Le pas-à-pas

Si vous êtes intéressé par l'expérimentation de cette méthode, je vous propose un guide étape par étape pour vous accompagner dans le processus.

1/ Préparer vos captures d'écran

Assurez-vous que les captures sont de bonne qualité et de taille uniforme.

Nommez-les de manière logique pour faciliter leur organisation dans votre logiciel de montage.

2/ Enregistrer ou générer la voix off de chaque écran

Nommez les fichiers audio de manière logique et cohérente avec vos fichiers images pour faciliter leur organisation dans votre logiciel de montage.

3/ Créer un nouveau projet dans votre logiciel de montage

Définissez les dimensions du projet vidéo.

4/ Importer les fichiers images et audio

Ajoutez la première screenshot sur le plan de montage et le fichier audio associé sur la piste du dessus.

Ajustez la durée de la capture à celle du fichier audio.

Ajoutez la seconde screenshot après la première sur le plan de montage et le fichier audio associé comme précédemment.

Procédez ainsi pour chaque capture.

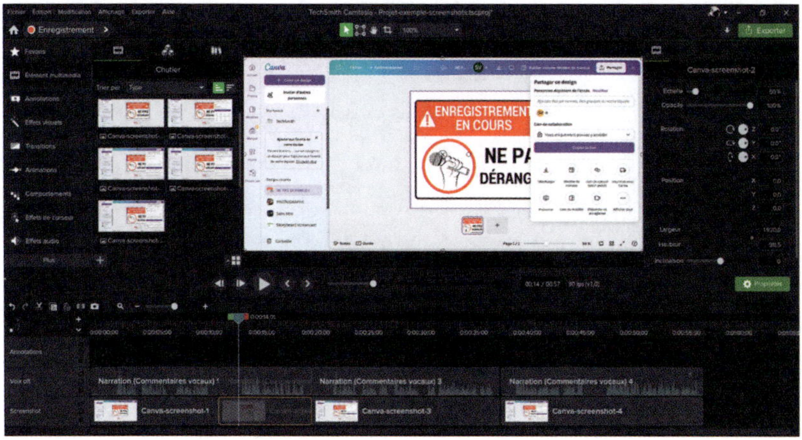

Exemple : Montage dans Camtasia 2025

5/ Ajouter des transitions

Pour créer un effet de mouvement entre les images, ajoutez des transitions simples comme un fondu ou un glissement.

6/ Ajouter des marqueurs d'attention

Si nécessaire, ajoutez des zooms ciblés sur les screenshots.

Utilisez les outils de votre logiciel de montage (annotations) pour ajouter du texte explicatif, des flèches ou des encadrés pour mettre en évidence des éléments spécifiques sur vos captures d'écran.

7/ Exporter votre vidéo

Choisissez un format vidéo adapté, par exemple MP4 et définissez la qualité de sortie.

Remarque : Si votre logiciel de montage vidéo vous le permet, vous pouvez ajouter des effets de clics souris ou générer le mouvement de la souris. Cela peut améliorer l'expérience utilisateur en dynamisant votre vidéo-tutoriel.

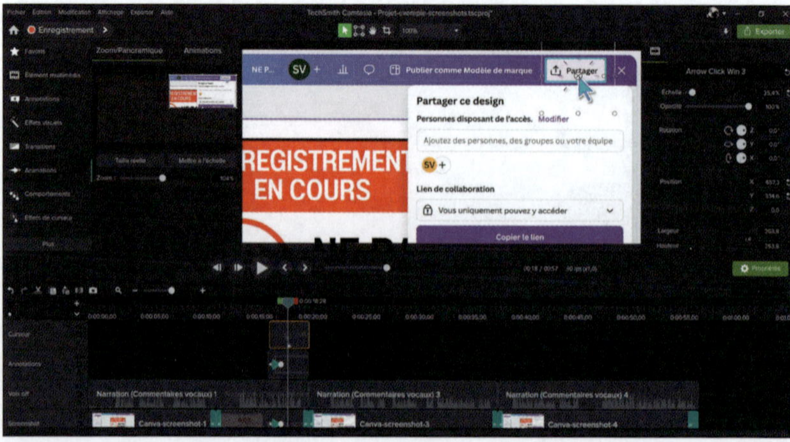

Exemple : Montage dans Camtasia 2025 avec des effets de clic souris

Pour cette méthode, j'utilise Snagit pour faire mes captures d'écran, la fonction Commentaires vocaux de Camtasia si j'enregistre ma voix ou Camtasia Audiate si je veux générer une voix off et Camtasia pour faire le montage vidéo.

Pour aller plus loin

UTILISATION DES AVATARS

Les avatars vous permettent de personnaliser vos screencasts avec un présentateur virtuel, sans avoir besoin de capturer des vidéos du narrateur, ce qui réduit les contraintes techniques et de temps. Une seule prise suffit pour obtenir un résultat parfait !

Un générateur d'avatars est un outil numérique qui utilise l'intelligence artificielle pour créer des représentations visuelles d'une personne. Les générateurs d'avatars animés sont de plus en plus nombreux, abordables et convaincants.

Les avatars peuvent être animés pour synchroniser leurs mouvements avec un script ou une voix off, ce qui simplifie le processus de production. Ils peuvent être utilisés dans les screencasts.

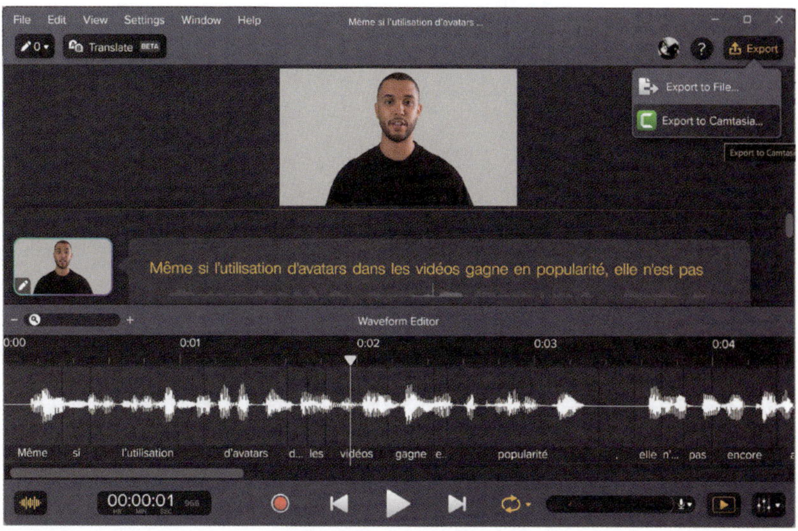

Génération d'une voix off avec un avatar dans Audiate

Dans quels cas pouvez-vous envisager de les utiliser ?

- Si vous ne disposez pas d'un endroit adapté ou du matériel nécessaire à une bonne captation vidéo, c'est la solution !
- Pour celles et ceux qui ne se sentent pas à l'aise devant la caméra, cette solution est idéale. Plus besoin de stresser, concentrez-vous simplement sur votre voix !
- Vous pouvez faire le choix de n'utiliser que des avatars pour des questions de protection de votre vie privée.
- Si vous avez besoin de représenter la diversité culturelle, les avatars vont rendre vos screencasts plus inclusifs et universels. Les avatars peuvent être adaptés pour refléter différentes langues, cultures ou styles.
- Si vous voulez localiser vos vidéos dans différentes langues.
- Si vous ne voulez pas dépendre d'une personne en particulier et devoir gérer des droits d'images.

Pour conclure sur l'utilisation des avatars, il me semble important de souligner que l'étude menée par TechSmith en 2024 révèle que 87% des personnes préfèrent un présentateur humain à l'écran plutôt que celle d'un avatar dans les vidéos.

Même si l'utilisation d'avatars dans les vidéos gagne en popularité, elle n'est pas encore adoptée universellement. L'évolution rapide des technologies et la demande pour des solutions créatives et professionnelles devraient continuer à propulser l'usage des avatars dans les screencasts. L'avenir nous le dira !

SIMULATION LOGICIELLE

Si vous souhaitez offrir une expérience immersive à votre public, placez-le dans un environnement contrôlé où il pourra tester et interagir directement avec votre screencast. Dans ce cas, on ne parle plus de screencast, mais de simulations logicielles.

	Définition	Objectif	Production	Posture
Screencast	Vidéo enregistrée qui capture ce qui se passe sur l'écran de l'ordinateur pour montrer des processus, expliquer des concepts.	Fournir une démonstration visuelle.	Plus simple et rapide.	Passif.
Simulation logicielle	Représentation interactive d'un logiciel ou d'un processus, permettant à l'utilisateur d'interagir directement avec les éléments, comme s'il utilisait le logiciel réel.	Permettre une expérience d'apprentissage immersive. L'utilisateur peut tester dans un environnement contrôlé.	Plus complexe et long.	Actif.

Des logiciels comme ActivePresenter, Articulate Storyline ou Adobe Captivate vous permettent d'enregistrer des simulations logicielles.

La méthodologie proposée pour les screencasts s'applique également.

Conclusion

En résumé, vous avez découvert que le choix du matériel pour enregistrer un screencast a un impact direct sur la qualité du contenu brut produit. En effet, un équipement adapté vous permettra de capturer un son clair et une image nette. De même, le logiciel de screencasting que vous utilisez influencera non seulement la qualité de l'enregistrement, mais aussi les possibilités de montage et de perfectionnement de votre screencast. Un bon logiciel vous offrira des outils puissants pour améliorer vos vidéos tout en simplifiant le processus.

Si ce n'est pas déjà fait, il est donc essentiel de choisir le matériel et le logiciel qui conviennent le mieux à vos besoins spécifiques et à votre budget.

Au cours de ce livre, nous avons exploré les divers éléments clés qui composent un screencast réussi. Il ne suffit pas simplement de capturer l'écran et de parler. Un screencast efficace est le fruit d'une attention portée à plusieurs aspects cruciaux : la captation vidéo de l'écran doit être fluide et lisible, le montage doit être soigné pour structurer le contenu de manière logique, la narration audio doit être claire et engageante, et la qualité audio doit être optimale pour éviter toute distraction. Par ailleurs, l'accessibilité numérique, le design graphique, le générique, l'appel à l'action et la durée jouent un rôle majeur dans l'impact et l'efficacité de votre screencast.

Mais il n'en reste pas moins que tous les screencasts n'auront pas besoin du même niveau de perfectionnement.

Vous disposez désormais d'une méthodologie éprouvée en cinq étapes pour vous guider dans la création de vos screencasts :

1/ La préproduction ou préparation : Cette étape consiste à définir clairement l'objectif de votre screencast, à organiser le contenu et à préparer un script détaillé. Une bonne planification est la clé pour rendre le processus d'enregistrement fluide et éviter les erreurs.

2/ L'entraînement : Avant de commencer l'enregistrement, il est essentiel de vous entraîner. Cela vous permettra d'améliorer votre débit de parole, de vous familiariser avec le logiciel et de vous assurer que vous êtes à l'aise avec le contenu que vous allez présenter.

3/ L'enregistrement : Cette étape consiste à capturer l'écran tout en suivant votre script. Vous devrez prêter attention à la clarté et au ton de votre voix, à la fluidité de vos actions à l'écran et à la gestion du timing.

4/ La post-production ou le montage : Après l'enregistrement, vous devrez passer par l'étape de montage pour éliminer les erreurs, ajouter des annotations, améliorer la qualité sonore et visuelle, et structurer le contenu de manière cohérente. Le montage est l'étape qui transforme un enregistrement brut en une vidéo professionnelle.

5/ L'exportation et la diffusion : Une fois votre screencast monté, il faut l'exporter dans un format adapté et le diffuser à votre public cible.

Chacune de ces étapes est primordiale pour obtenir un résultat de qualité. Le respect de cette méthodologie vous permettra de créer des screencasts professionnels, efficaces et engageants.

Maintenant que vous avez les outils et les connaissances nécessaires, il est temps de passer à la pratique !

Un conseil simple, mais efficace : appliquez un nouvel apprentissage chaque jour. Que ce soit en perfectionnant vos techniques de montage ou en ajustant vos méthodes de narration, la pratique continue est essentielle pour progresser. Plus vous produirez de screencasts, plus vous deviendrez efficace et créatif dans votre approche.

Enfin, n'oubliez pas que le screencasting est un art en constante évolution. De nouveaux outils et techniques apparaissent régulièrement, et il est important de rester curieux et de vous adapter. Avec de la pratique et de la persévérance, vous serez en mesure de produire des vidéos de plus en plus captivantes, utiles et professionnelles.

Le mot de la fin : J'espère que ce livre, qui se veut avant tout un guide pratique, vous sera utile dans votre parcours pour maîtriser l'art du screencasting. Que vous soyez novice ou déjà expérimenté, j'espère que les conseils et les méthodologies présentés ici vous permettront d'améliorer vos pratiques et de créer des vidéos de qualité

La clé du succès réside dans la pratique, alors lancez-vous, expérimentez et affinez vos techniques.

Bonne création !

Remerciements

Un grand merci à Vladimir Sekelj et Thomas Mougeotte, qui m'ont proposé d'écrire ce livre et de transformer une très longue expérience en un guide pratique, afin de partager mes compétences et connaissances.

Merci également à TechSmith, avec qui je travaille depuis plusieurs années. Leurs processus, leurs conseils et leurs outils m'ont permis d'améliorer considérablement ma pratique du screencasting au fil du temps.

Merci à Katia Steiner Fouti-Makaya pour avoir consacré du temps à la relecture de mon livre et pour ses précieuses suggestions.

Je n'oublie pas mon fils et mes amis proches, qui partagent mon quotidien, mes excès de travail, mes moments de doute, et mon stress grandissant à l'approche des échéances. Leur soutien constant a été une source précieuse d'énergie et de motivation.

Enfin, merci à vous, lectrices et lecteurs, qui avez pris le temps de parcourir ce livre et qui êtes désormais prêts à créer vos propres screencasts. Je vous souhaite beaucoup de succès dans vos projets à venir !

Références

ARTICLES

Micro cardioïde : guide de définition, caractéristiques, placement et utilisations - Synco, 2023
https://www.syncoaudio.com/fr/blogs/news/cardioid-mic-guide

https://accessibilite.numerique.gouv.fr/

RAPPORT

Video Viewer Trends Report - TechSmith, 2024
https://www.techsmith.com/2024vvspdf.html

Glossaire

Bruit
Son parasite qui n'est pas intentionnellement enregistré.

Canevas
Zone graphique permettant de manipuler et de positionner les éléments visuels dans l'espace (dans un outil de création multimédia).

Clonage vocal
Technologie qui permet de créer une réplique numérique de la voix d'une personne. En d'autres termes, il s'agit de générer une voix synthétique qui imite à la perfection les caractéristiques uniques d'une voix humaine, comme le timbre, l'intonation, le rythme et même les accents.

Codec
(abréviation de coder-décoder) : Algorithme qui compresse ou décompresse des fichiers vidéo.

Intro
Générique de début d'une vidéo.

LMS
(Learning Management System) : Plateforme d'apprentissage en ligne.

MP4
(abréviation de MPEG-4 Part 14) : Format conteneur multimédia numérique servant principalement à stocker des vidéos et des fichiers audio.

Outro
Générique de fin d'une vidéo.

Plosives
Sons produits par les consonnes explosives comme le “p”, le “b”, le “t” ou le “d”.

Screencast
Vidéo résultante de l'enregistrement dynamique de l'écran utilisateur, avec visualisation des mouvements de la souris, souvent accompagné d'une voix off et éventuellement de la vidéo du présentateur.

Screencasting
Action d'enregistrer une vidéo de l'écran d'un ordinateur.

Screenshot
(ou Capture d'écran) : Image fixe de l'écran à un instant t. C'est comme prendre une photo de son écran.

Son système
Son émis par l'ordinateur ou une application.

Sous-titres ouverts
(ou Open Captions) : Sous-titres incrustés dans la vidéo.

Sous-titres fermés
(ou Closed Captions ou CC) : Sous-titres pouvant être activés ou désactivés par le spectateur.

SRT
Format de fichier de sous-titres.

Synthèse vocale
(aussi appelée Text-to-speech). Technologie qui convertit du texte numérique en parole artificielle, qui imite ainsi la voix humaine.

Template :
Modèle.

Voix off
(aussi appelée Voix hors champ) : Procédé qui fait intervenir la narration d'une personne invisible à l'écran.

DANS LA MÊME COLLECTION

Libérez le potentiel de l'IA pour transformer vos formations en expériences inoubliables !
Maîtrisez la puissance de l'Intelligence Artificielle Générative pour concevoir, produire et animer vos formations !

Découvrez comment intégrer facilement l'IA dans vos formations et simplifier vos processus, tout en gagnant du temps et en impactant vos apprenants.
Ce livre est un véritable outil pour révolutionner vos méthodes pédagogiques.

Grâce aux récentes évolutions technologiques, votre smartphone est devenu un moyen pratique, dynamique et efficace de produire des vidéos. Ce livre vous présente comment filmer, cadrer, enregistrer, monter et diffuser des vidéos de qualité, à moindre coût.

Plongez dans l'univers du podcast et maîtrisez chaque étape, du choix du matériel à la mise en ligne de vos épisodes. Que vous soyez débutant ou que vous souhaitiez perfectionner vos compétences, ce livre vous offre des solutions concrètes pour transformer vos idées en contenus audio captivants.

Maîtrisez le pouvoir du storytelling pour concevoir des formations captivantes qui vont marquer la mémoire de vos apprenants !
Ce livre présente une méthodologie simple et efficace illustrée par un cas fil rouge.

À PARAÎTRE

Transformez vos formations en expériences inoubliables.
Ce guide permet aux formateurs de concevoir, préparer et mettre en œuvre des sessions de classe virtuelle de qualité professionnelle.

Ouvrages disponibles sur **www.titashop.fr**

ÉGALEMENT DISPONIBLE

Pour optimiser vos résultats en IA génératives textuelles, retrouvez une méthodologie claire en 6 étapes de rédaction, pour structurer une demande compréhensible par la machine : le prompt.

Imprimé en Bulgarie

Imprimé en Bulgarie